- 外人女性♡交際マニュアル -

I LOVE YOU

BUT FUCK YOU

著者：ジーコ藤壷
イラスト：ナイジェルグラフ

本書は「金髪巨乳のプレイメイトと付き合いたい」という
夢を持った俺と友人との共著である。
ふたりが付き合った外人女性は合わせて30カ国に及ぶ。

- WORLD MAP -

世界は広い!

著者が付き合った女性の出身国マップ

アイスランド
スウェーデン
ノルウェー
ロシア
オランダ
ドイツ
ポーランド
イギリス
スロバキア
ウクライナ
フランス
モルドバ
チェコ
ルーマニア
ハンガリー
レバノン
セルビア
イスラエル
モロッコ
オーストラリ

日本人女性としか付き合わないというのは、
日本食しか食べないと同じくらい、つまらない人生なのである。
もっといろんな食事、もっといろんな女性を知ったら
どれだけ人生は豊かになるだろうか。

外専は一日にしてならず。

自分は日本人なんだっていう大和魂は絶対に消しちゃダメ！
あくまでも「日本男児」として、海外の女性に勝負を挑むのだ。

これは道なき道を行く者、自ら道を作る者が作った
外人女子好きなキミに贈る指南書である。

はじめに

外人、白人、アメリカ、中南米、ヨーロッパ、ロシア、金髪……。

なんでもいい。そういう女の子とデートしたい、SEXしたい、付き合いたい、国際結婚したい。

どこかでそう思っている人は多いはずだ。だけど、なかなかそれを実行しようとする人は少ない。

出会いがない。英語がしゃべれない。文化が違う。習慣が違う。ハードルが高い。やり方がわからない……まあ、言い訳はいろいろあるだろう。

ハッキリ言おう。

キミはそれでも日本男児なのか？

外人女性をモノにしたくないのか？

世界を征服したくないのか？

食べ物を例えにしてみよう。

日本食は世界に誇る素晴らしい食文化である。

だけど、いまの時代、日本食しか食べない日本人はどれだけいるのだろうか？　また、日本食以外の食を知らないとしたら、なんというつまらない人生なのであろうか？

同じことが女性についても言える。

日本人女性は世界に誇る美しい女性である。

だけどいまの時代、日本人女性としか付き合わないというのは、日本食しか食べないと同じくらい、つまらない人生なのである。


だったらまず一歩踏み出してみよう。


そのためにこの本があるのだから。

大変なこともちろんたくさんある。だけどその分、喜びも果てしなく大きいということを先に言っておこう。

世界中の数ある美食の中での日本食。それと同じくらい、世界中の女性の中での日本人女性は小さな存在だ。もちろん日本食も日本人女性も、世界に誇るだけの素晴らしさはある。だけど、それしか知らないのはなんともったいないことであろうか。もっといろんな食事、もっといろんな女性を知ったらどれだけ人生は豊かになるだろうか。
ブルゾンちえみではないが、キミにズバリ聞きたい。

「地球上に女は何人いると思っているの？」

71億。
あと8千万人。

キミは一生日本食しか知らない男として生きていきたいのか？

「僕の前に道はない。僕の後ろに道はできる」（高村光太郎）

「外専」という前人未到の道、パウダースノーのファーストトラックを歩むキミにとって、この本が少しでも役に立てば、筆者としてこれほどの喜びはない。

2017年8月吉日　　ジーコ藤壷

第6講　ケンカとジェラシー

第1講
まずはきっかけ作りから

○純愛、SEX、結婚……キミが外人女性と付き合う目的は？

まず、最初に聞きたい。**キミはなぜ外人女性と付き合いたいのか？**

それをまずは教えてほしい。

・LOVER（ラバー）……純愛を求める者

・PLAYER（プレイヤー）……女性を落とすのが好きな人

・FUCKER（ファッカー）……やりたいだけのヤツ

・HUBBY（ハビー）……結婚まで考えている人

キミはこの4つのうち、どれに当てはまるのだろうか？

それによって、俺の指南する外人女性の付き合い方は随分と変わってくる。

・LOVER（ラバー）……相手は基本、素人の女性だ。そうなると、重要なのは出会いの場所。加えて、男友だちや人脈というのも重要な鍵を握ってくる。

・PLAYER（プレイヤー）……俺の指南する内容は基本、第3講まではLOVER（ラバー）と同じだ。だけど、外人女性との壮大な愛の旅に出たくはないのだろうか？　だとしたら、なんともつまらない話だ。

・FUCKER（ファッカー）……話は簡単だ。金で解決しろ！

・HUBBY（ハビー）……キミの決意の固さはわかった！　しかし、恋愛のまっすぐ先の延長線上に結婚が待っていると考えたら大間違いだ。そこには国境以上の大きな壁が待っているからだ。

「恋愛には4つの種類がある。情熱の恋、趣味の恋、肉体の恋、虚栄の恋」

フランスの作家スタンダールはこんな名言を残している。

この本を選んだキミには外人女性との「情熱の恋」をしてほしいと願っている。

そのうえで、まずは覚えておいてほしいことがある。

外人女性は、日本人女性とはまったく異なる生き物であるということ。

同じホモサピエンスだと思ったら大間違いだ。もしキミが日本で生まれ育ち、日本人としか付き合ったことのない男であれば、宇宙旅行に出るくらいの覚悟は必要だ。**だけどその旅には、大きな喜びと発見が待ち構えている。**もちろん大きな困難、苦しみだってあるかもしれない。だけど、キミはなにか大きなものを手に入れたくてこの本を手にしたはずだ。簡単に手に入るものなんてつまらないと思っているはずだ。

俺の場合、先人と呼べるような人はまるでいなかった。俺は仲間を引き連れて、道なき道を切り開く孤高の戦士であった。人は俺たちのことを「外専」(*)という言葉で片づけてきた。だけど、外人女性が好きになってなにが悪いというのだ。(*外専=「外人専門」の略)

この本では、俺と仲間の豊かな経験を基に、外人女性との付き合い方を惜しみなく指南していきたい。そしてキミには自らの「外専」道を切り拓いていってほしいと思う。

「愛することができる人は幸せだ」ヘルマン・ヘッセは言った。

「外人女性を愛することができる人はさらに幸せだ」

俺はそう言いたい。

それまでに自分が培ってきた、日本人としての常識や価値観、自己のキャラクターの打ち出し方。いざ、外人女性と付き合うと、そんなものは実に薄っぺらなものでしかないということがわかるだろう。

自分がどういう人間で、なにを考え、なにを好きで、なにを選択し、なにをきちんと主張できるのか。そこができない男には早い段階から挫折が待っていることだろう。

外人女性と付き合うこと。それはすなわち、自分自身を知ることなのである。

○共通の趣味を探れ

俺が外専活動を本格的に開始した20代の頃、ターゲットとした外人女性はこんな感じだ。

モデル、ホステス、ダンサー、英会話教師、そしてわずかばかりの学生（留学生）、観光客、日本在住のビジネスマンの令嬢たち。

彼女たちの多くは自分たちの国の文化、価値観で生き、日本語を話さなかった。そんな彼女たちを口説こうなんていうのは、いま考えれば茨の道だったと思う。

しかし、時代は変わった。

いま日本にいる外人女性の多くは、日本の文化が大好きだ。ファッションも好きだし、日本食も好き、アニメやJ－POPも好きだし、日本の田舎の自然の美しさも好きだったりする。日本語を話せる女性だっている。

ハッキリ言おう。

外人女性との付き合いには経験がモノを言う。ここで言う経験とは恋愛の経験という意味ではない。恋愛というものはいくら経験したところで、正解なんていうものはないからだ。

俺が言う経験とは、外人とコミュニケーションをきちんと取れる経験のことである。だから海外に行ったことがあるだけでも、その分ハードルは低いものになるだろう。しかし、この本を手にとったキミはおそらく経験はゼロに等しいはずだ。

そんな経験のないキミには、
日本語を話せる外人女性がオススメだ。

日本語を話せる外人女性であれば、おそらく99％の確率で落とせるんじゃないかな。だって、日本語を勉強するくらいだから、日本人のことが好きなはず。日本の文化が浸透したいまは、**オタクの男性にとっても大きなチャンス**が待っている。アニメ好き、コスプレ好きの外人女性も多いからね。

だけど、このことも頭に叩き込んでおいてほしい。

クールジャパンに惑わされるな。

キミには、観光ガイドに載っていない日本の良さを見せてほしいからだ。

そう。キミだけがよくわかっている日本の良さ。それで充分なのだ。気持ちは日本代表。レペゼン・ニッポン。肩からタスキをかけて、日本大好きの外人女性に臨んでほしい。

もちろん、日本語を話せない外人女性であっても、日本に住んでいるくらいだから、日本人のことを好きなんじゃないの？　そう思われる方もいると思う。だけど、日本に住んでいながら、外人ばかりの世界で生きている女性だって多いのだ。それこそ米軍基地内に住むアメリカ人のように、生活の場所は日本でありながら、母国に近い環境で生活している人たちもいるのだ。この場合、英語などの語学力とその言葉を使ったコミュニケーション術が必要となってくる。

ただ、例え日本語を話せる外人女性だとしても、覚えておいてほしいことがある。

いくら日本が好きでも確実に基本的な文化の違いはあるということ。

だからこそ、まずは共通の趣味を探れ！

「愛する……それはお互いに見つめるということではなく、一緒に同じ方向を見つめることである」

「星の王子さま」で有名なサン・テグジュペリはこんな的確な言葉を残している。

だから、同じ方向を見つめてみよう。

外人女性の場合、日本人よりも好き嫌いがハッキリしている。だから、**好きなものが合えばすぐに仲良くなれることが多い。**日本人って、すぐには「自分」というものを出してこないよね。だけど、外人女性はすぐに「自分」というものを出してくるから、どういう人間なのかもすぐにわかる。だから、合えば話が早い。例えば……。

カナダ人女性と知り合った時のこと。彼女は着ている服、しゃべり方でパンクが好きなんじゃないかってピンときた。そして、実際にそうだった。俺も同じ趣味だったから、話はすぐに弾んだ。すぐにバンドのライヴや公園でのスケートボードのデートが始まった。

ニュージーランド人女性と知り合った時は、最初からスノーボードの話になった。東京からだと、どこでスノボができるのか、海外だと、どの山に行ったのかなんて話にもなった。この女性とはのちにニセコにも行ったし、彼女の地元のニュージーランドにも行って一緒にスノボを楽しむことになった。

アメリカ人女性の時は、単純に目が合って、話かけたらすぐに話のウマが合った。俺が適当なことをオースティン・パワーズばりに話していたら、ずっとゲラゲラ笑っていた。それだけでふたりは次の日デートすることになった。

メキシコ人女性の時は、コンサートチケットを売るバイトをしていた時に知り合った。彼女がお客さんとして、あるメタル・バンドのライヴのチケットを買いに来た。「あ、メタル好きなんだ？　俺もそのライヴに行くから」と言うと、「向こうで会いましょう」と彼女。自分でもそのチケットを買っていたから、当然会場で会うことになった。そこからすぐにふたりは仲良くなった。

イギリス人女性の場合は、クラブイベントで遊んでいた時、気づいたら一緒に踊っていた。二軒目のクラブに行った時にはもうハグしながらキスをしていた。好きなＤＪが同じだったから、音楽つながりで仲良くなった。

セルビア人女性は、酒の飲み方が似ていた。ふたりでショットをガンガン飲んでいたら、いつの間にか抱き合って飲んでいた。

趣味が合う。ウマが合う。

これは重要なことだ。もちろん、なにかしら趣味が合わなかったら始まらないのは、日本人も外人も一緒だ。でも趣味が一緒だった場合、外人女性の方が日本人よりも展開が早いと思う。

だから、まずは共通の趣味を探れ。

えっ、特に趣味がない!?

でも、**好きな食べものとか飲みものぐらいはあるでしょ?** なんでもいいのだ。自分の好きなものをちょっと広げて、それを楽しく話せるようになったら、チャンスはぐっと増えるはずだ。だって、普通に友だちと話す時だって話を盛ったりするよね。あの感じで盛ればいい。

えっ、ルックスから入りたい!?

ビギナーがあまりルックスにこだわって相手を選り好みしていたら、チャンスはなかなか巡ってこない。最初から自分に合った女性を探そうとはするな。**女性に自分を合わせるのだ。**

「私は探し求めない。見出すのだ」

その生涯を通して常に女性たちに囲まれていたパブロ・ピカソだってそう言っているのだ。マチガイナイのである！

○まずは食事に誘え

外人女性と知り合ったばかりで、共通の趣味がなかなか探れない時、手っ取り早いのが、食事の話だ。会った時でもいいし、次に会う時でもいい。ご飯に誘ってみるのだ。

「なにか食べに行こうよ」

ご飯が嫌いな女性はほとんどいないよね。

ただ、外人女性は日本人と違って、なんでも食べます、なんでも飲みますっていうのじゃない。選んで食べる人たちなのだ。特にアメリカ人とか偏食が多いから注意だね。もちろん日本のカルチャーが大好き、日本食が大好きっていう女の子は別だよ。

そこは最初の出会いの時にササッとジャッジするのだ。

「なにが好きなの?」

そこから入るのがいい。彼女が答えたら、

「こういう店を知ってるから行こうよ」

もし海外で外人女性を誘う時はこんな手も使える。

「スゴいおいしい日本食レストランを知っているから行こうよ」

それでどういう店に行くのか?

いま日本はご飯がおいしいっていうイメージが強いから、彼女が寿司とか肉とか具体的な食べものを言ってきたら話は簡単だけど、それでも日本人のガチな寿司屋に行ったら、彼女にとってはアウェイ感があるから、うまくいかないかもしれない。

俺の場合、雰囲気が海外っぽいお店に連れて行くね。

外人が働いていて、彼女がアウェイ感を感じないようなレストラン。そこに行くと、ちょっと落ち着いて心が開くようなお店。日本語がしゃべれる女の子だったらいいけど、しゃべれないんだったら、そのアウェイ感を取り除いてあげるのが大切。

照明も明るすぎない。隣の席も近すぎない。店内でＪ－ＰＯＰがかかってない。メニューは英語のものがあったほうがいい。しかも、セットとかコースとかじゃなくアラカルトで注文できるところ。

だって考えてみてほしい。もし自分が初めての海外でレストランに入って、雰囲気もよくわかんないし、メニューもチンプンカンプンだったらどうする？　ピロるだけだよね。**だから、アウェイ感はできるだけなくしてあげるのだ。**

もしお金をかけたくなければ、それこそＴＧＩフライデーズのようなお店もいい。イギリス人の女の子だったらパブとかもいいね。変に日本ならではの店に連れていくよりも全然いい。いきなり一品２００円の居酒屋に連れて行ってもイカゲソとか食わないでしょ。ドン引きするだけだから。たまにせっかく日本に来たんだから、日本の庶民の店に連れていこうなんて考えで、そういう居酒屋に連れていく人がいる。でも結局、サラダと鳥の唐揚げぐらいしか食べられなかったりするものだ。

それこそ、どんなに頑張って日本ならではのおいしいところに連れていっても、結局マクドナルドでいいやってなることもあるくらいだから。それはマクドナルドが好きだからじゃなく、マクドナルドだと自分の国でも食べていて知っている味だから。つまりアウェイ感を味わわずにすむからなのだ。

あと、外人女性で多いのがベジタリアン、ヴィーガン。

ざっくり言うと、肉を食べないのがベジタリアンで、魚も乳製品も卵も食べないのがヴィーガン。こういう女性は日本に来て食べるところで苦労しているから、ベジタリアン、ヴィーガン対応のお店に連れていってあげると、「そんなところ知っているの~!?」ってなって、めちゃくちゃ喜ぶ。

いまはけっこうお洒落なカフェスタイルのお店もいくつかあるし、そういう店の多くはインターナショナル対応だったりするし、メニューも英語で書かれているから、使い勝手も良いのだ。予約する時、事前にこういう素材はNGだって伝えると対応してくれるお店もあるしね。あと、ちょっと上級者向けだと、日本ならではのお店ということで、精進料理なんていう超裏技もあるくらい。**精進料理って実はヴィーガン料理なんだよね。**まあ一応、魚でダシを取っていないかどうかは確認しておきたいけど。

それでご飯の楽しみは最後にも待っている。デザートだ。

おそらく日本のデザートは世界のなかでもトップクラスで、本当にいろんなアイデアに溢れているし、見た目もいいし、味もおいしい。量が少なめなのも女性にはうれしかったりする。例えば海外でも当たり前のメニューであるチーズケーキとか頼んでも、かわいいお皿に小さなケーキが乗っかっていて、クリームが添えられ、皿には色のついたチョコやソースが乗っていたりする。これを見て「かわいい♡」って言わない女性はあまりいないはずだ。だから、ご飯の〆のデザートも忘れないでほしい。あるレストランでは、玉ねぎ1個のなかにクレームブリュレが入っていて、これには女の子も驚いたし、おそるおそる食べてみて、そのおいしさに感動したことがある。あと、彼女がなににしようか迷っている時は、2～3個頼んでシェアすれば、スウィートな男にもなれるし、楽しさも倍増ってことになる。

ご飯は重要。
最初は**アウェイ感を味わわない店**に連れていく。
そこから徐々に**和のテイスト**に持っていけばいいのだ。

◯音楽も手っ取り早い共通の趣味

共通の趣味で手っ取り早いものと言ったら、やっぱり**音楽の話**になるね。

外人女性って、ざっくり言ってしまうと、3タイプに分けられる。

ロックが好き

ヒップホップ／R&Bが好き

4つ打ちのハウスやテクノ、EDMが好き

そこで、コンサートが好きか、クラブが好きか、っていうのに分かれる。

ロックが好きだったら、「来週コンサートがあるから行かない?」

クラブが好きだったら、「今週末、こういうパーティがあるから行こうよ」って、誘えばいい。

クラブが好きだったら、**友だちとか知り合いのいる店に連れていくのもいい。**

そうすると、「あ、この人、特別待遇だ」「この人、常連なんだ」ってなる。

これはあとに出てくる「類は友を呼べ 上級者編」でも指南するんだけど、そういう意味では、クラブのマネージャーとかは友だちになっておいたほうがいいね。

クラブのバウンサー(*)と友だちになるのも意外とポイント高い。普通なかなかバウンサーとは仲良くならないでしょ。強面だったりするし、普通はとっつきにくい。だけど、友だちだと、「調子はどう？」って言ったり、握手したり、さらにほかの客とは違う待遇、ＩＤチェックがなしだったりする。そこは意外とポイント高いと思うよ。（＊バウンサー＝バーやクラブの入口にいる、入店者のＩＤをチェックしたり、変な客を締め出したりする人。用心棒）

もちろんＤＪとか出演者と知り合いになるのもいい。「友だちが出るイベントがあるから行こうよ」って誘えるからね。

だから、趣味の話をする時は、だいたい「なんの音楽が好き？」っていう話から入るね。

そうそう。洋楽を聴かない人でも、最近は**日本の文化が好きで、Ｊ－ＰＯＰやアニソン、ゲームミュージックを好きな外人女性**だっている。もちろん運良くそういう女性と出会えればの話なんだけど。

○類は友を呼べ

キミが外専活動をスタートするに当たって、ひとりっきりで行動するよりも仲間がいたほうが間違いなくうまくいく。

同じ志を持った友がいれば、個人戦は団体戦に変わり、多角的な戦略と情報交換が加わる。すでに外人女性との経験がある仲間がいれば、なお言うことなしだ。

俺の場合どうしたのか。

外人女性のなかでもモデルと付き合ってみたいなと思った時のことだ。

当時は六本木のディスコに行けば外人モデルの女性がいっぱいいいた。いまなら渋谷のクラブにもいっぱいいる。そういうところに出入りしながら、なんとか知り合うきっかけを作れないかと、指をくわえながら思案しているうちに、ある日本人男性たちの存在に気がついた。彼らの仕事は、**外人モデルの女性たちのマネージャー**であった。マネージャーということは、外人モデルを管理している事務所の人間だ。俺はまずそいつらと仲良くすることにした。数ある仕事のなかから外人モデルのマネージャーを選ぶくらいだから、彼らだってやっぱり外人女性好きなのではないか? 俺の勘は当たった。

そして、当然すぐに意気投合した。

仲良くなったら、メシでも夜遊びでも彼らに声をかければいい。

「ちょっとモデルたちとメシ食いに行こうよ」

そんな感じで声をかければ、そのマネージャーが何人か外人モデルを連れて来てくれる。

「ちょっとおもしろいパーティがあるから行こうよ」

つねに遊び場を探しているモデルたちにとっては最高の提案である。

あるいは、六本木のクラブにそういうマネージャーと一緒に行くと、すぐに外人モデルの女性たちの輪のなかに入ることができる。ひとりでそういうところに行っても、外人モデルはなかなかナンパしにくいから、これは良い流れだ。

この手は非常にカジュアルだし、簡単な方法だ。この手はいまでも非常に有効である。

ただ注意したいのは、最近の外人モデルはどんどん若くなっている傾向にあるうえに、**未成年でも外見だけではすぐにはわからない**ことだ。

外人女性モデルを落とすなら、その子じゃなく、取り巻きのマネージャーから落とせ。

マネージャーに限らないのだが、男の仲間はいたほうが絶対に良い。自分と同じ価値観を持つ同志を探すのだ。外専活動を続けていくうちに類は友を呼ぶことがある。

呼ばないのであれば、自分から呼べ！

男のパートナーを探せ！

俺の場合、頼もしいパートナー、頼りない友だちと後輩がいたのが良かった。**女性を口説く時は連携プレイ、女性とトラブった時は最大の相談役。**良い時も悪い時も共有できるパートナーは、いわばいくつもの修羅場をくぐってきた戦友なのである。

俺のパートナーの場合、彼はいわゆる英語圏以外の東ヨーロッパ、中南米の外国人女性にも顔が利いたし、ダンサーの女性もガンガン落とすようなフットワークの軽い男であったから、俺にとっては師でもあった。

プロのダンサーやホステス嬢を一体どうやって落とすんだ？　最初はスゴすぎて意味がわからかなった。しかし、彼と行動をともにするうちにだんだん謎が解けてきた。彼はどんなプロの女性でも〝普通のレディー〟として扱っていたのである。

このパートナーとは、家も近所に住んでいたから、どちらかの家でホームパーティをやって、外人女性をふたり呼び、良い感じのところで二手に別れてそれぞれ楽しむ、なんていうこともよくやった。夜遊びで女の子をふたりナンパして、帰りにどちらかの家に寄って、そこから二手に別れることもあった。

クラブで夜遊びしている時も、パートナーの知り合いの外人女性にバッタリ会ったりして、女性もふたり組だったりしたから、そのまま2組のカップルとして遊ぶなんてこともよくあった。ふたりで行動すれば声だってかけやすいから、ナンパだって簡単になる。ひとりでナンパしていると、ちょっと気後れしたり、怪しまれたりしかねないからね。

またある時、俺が北海道に彼女とスノーボードに行った時、彼女と理不尽な大ゲンカとなり、口論で勝てなかった自分に対する不甲斐なさと悔しさとで、俺は雪の降る町のなか、ひとりうろうろと徘徊するしかなかったことがある。彼女のいるホテルにはしばらく帰りたくなかった。そんな時でもパートナーは電話の向こうで俺のグチを嫌がることもなく聞いてくれたものだ。

「友だちに助けを求められて、知らん顔していられるか!!」

いじめっ子のジャイアンだってそう言っているくらいだ。

仲間を見つけろ！　同じ志でつながれ！　互いに支え合って人という字を書くのだ！

◯類は友を呼べ　上級者編

男のパートナーとつるむようになってから、俺たちはさらに「類は友」を呼んでみた。

外人パブのマネージャー。外人ストリップクラブのマネージャー、DJ。外人がよく遊びに来るクラブ（DJが入って踊る店）のマネージャー、バウンサー。外人を客に持っているパーティのプロモーター。外人がよく集まるようなカフェ、レストラン、バーのスタッフ。

外人パブとかに行ってみる。そこのマネージャーと知り合いになると、働いている女の子が、「あ、このマネージャーの友だちなんだ」ってことで、態度が変わるんだ。「友だちなんだ」ってことで隣に座るのと、単なる客として隣に座るのだと、女の子の気持ちが違ってくる。

つまり、その時点で俺たちは金を取ってやろうっていうカスタマー（顧客）ではなくなるのだ。なかには俺たちが「釣り堀」と呼んだくらい何人も外人女性を釣れたお店もあった。

お店が終わったあと、女の子たちと遊びに出かけたこともたくさんある。

「Don't be a customer! Be a player!」

（普通の客になっちゃいけない。プレイヤーになるのだ）

この言葉は肝に命じた。そして、俺たちはそんな言葉をいとも簡単にクリアしてしまったのだ。

外人がよく遊びに来るクラブ。外人を客に持っているパーティ。もうとにかくマネージャー、プロモーターに女の子を紹介してもらえばいい。普通のお客さんとして来ている女の子でもいいし、パーティに出演しているダンサーだっていい。

カフェ、レストラン、バーの場合、女性と一緒じゃない時でも、スタッフに女性の友だちがいれば、その場で新たな出会いが待っていたりもする。**友だちの友だち**というヤツだ。

あるレストランバーでは、マネージャーから新入りのウェイトレスを紹介された。少し話をしたあと、俺は彼女にお酒を一杯おごって、音楽の話で盛り上がって、仲良しになった。次の週、その女性をイベントに招待して一緒に遊んだ。

男の仲間が何人かできると、今度は「類は友」の組み合わせをやるといい。

外専仲間何人かで、友だちのいる外人パブとかに行ってみるのだ。

ハッキリ言おう。そういうところはひとりで行ってもあまり成果は出ない。ふたり以上で行くといいのだ。ひとりで行くともろ狙っている客に見えてしまうから。でも男2～3人だと、ちょっとした**ボーイズナイト感**が出る。

一度お店の女の子に言われたことがあるよ。

「ひとりで来ている客はギラついているのが多いから、スゴくスケベに見えるけど、あなたたちはスゴくさっぱりしているから、女の子も寄ってくるのよ」って。

だから、男同士で行ったらまず男同士で楽しむ。そこをメインで行きつつ、そこに女の子が付随してきたらラッキー、みたいな感覚。

決してギラついちゃいけない。サクッとやるのだ。もちろんハートのなかはギラギラしていたって外に出さなきゃいいのだ。

ギンギラギンにさりげなく。

マッチ（近藤真彦）はマチガイなかったのだ！

SUMMARY
まずはきっかけ作りから

1

外人女性と付き合う目的を決めろ。
純愛、ナンパ、ＳＥＸ、結婚？

2

まずは共通の趣味を探れ。
経験のない人には、日本語を話せる外人女性がオススメ。

3

共通の趣味が探れない時、まずは食事に誘え。
ベジタリアン、ヴィーガンもいるので注意。

4

趣味の話をする時は、音楽の話が手っ取り早い。

5

男のパートナーを探せ。
女性を口説く時は連携プレイ、
女性とトラブったときは最大の相談役になる。

6

外人女性がいる店のマネージャーやスタッフと仲良くなれ。

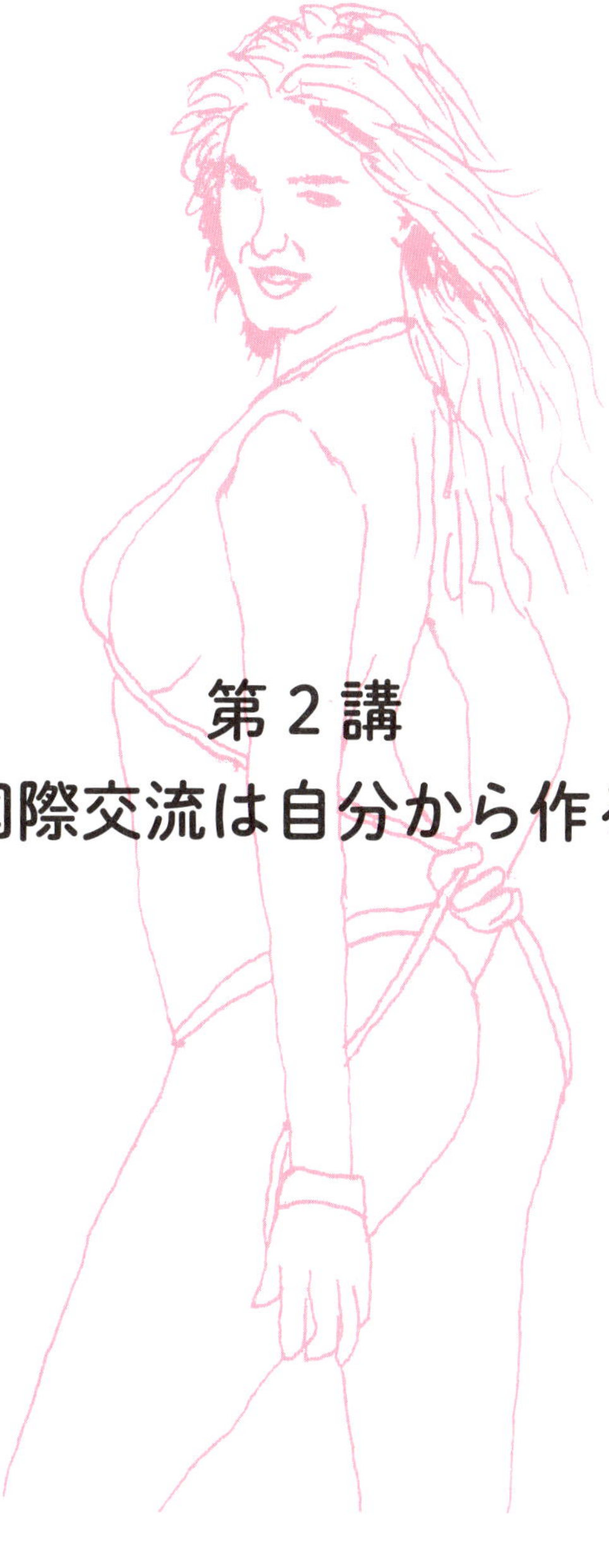

第2講
国際交流は自分から作る

○国際交流という名の罠

いまや「国際交流」という名のもと、さまざまなイベント、行事が盛んだ。

「ミートアップ」という国際交流、日本にいる外国人と日本人が知り合いましょうっていう集まりもある。

あれ一回だけ行ったんだけど、**いまイチ**だったかな。なんだか、日本人女性と付き合いたさそうな外人男性のビジネスマンみたいなのが多くて。その時は外人女性はふたりしかいなかった。外人女性はそういうところに行く必要がないんだろうね。

だけど、俺たち外専は外人女性と知り合いたい。

だから、そういう国際交流に行く必要はないだろうね。

ただ、**自分で動いて作った国際交流**、つまり自分が作った外人の友だちっていうのは、**良い流れ**を持って来てくれたりする。

いまは海外の友だちが作りやすい時代になった。リアルに出会って友だちになることもあるだろうし、フェイスブックやインスタグラムといったＳＮＳを通じて友だちになることだってある。フェイスブックだと、友だちの友だちでつながったり、インスタグラムだと、自分や相手のポストしたものを気に入って友だちになったりできる。

そういう流れでこんな連絡が来たりする。

「今度女の子の友だちが日本に行くからよろしく」

あるイギリス人の友だちの女の子は、なんの連絡もなしにいきなり俺の家の玄関の前に立ってた。

あるアメリカ人のＤＪの友だちの女の子は来日して、ご飯に連れていったら、食後いきなりクラブで遊びたいって言って来た。それでそのまま何回か遊んで、ＳＥＸして、しばらく付き合うことになった。

あるアメリカ人のアパレルブランドをやっている友だちからは、自分のところの服を卸しているロシアのショップを経由して、さらにその友だちのロシア人の女の子を紹介された。

また、モデルの彼女やモデルの知り合いができると、**モデルのつながりの輪からも恩恵を受けることができる。**

モデルっていうのは、母国から日本に来て短期間働いて、また母国に帰るか、ほかの国で働くかする。そうすると、去っていくモデルの子が今度日本に来る子を紹介していくのだ。ご飯に行くところ、遊びに行くところはこいつに聞け、っていう感じで。

そこから、いざその子が来日して、会ってみて気が合えば友だちにもなるし、もしかしたら付き合うことだってある。しかも、**モデルのつながりって、国境を軽く超えてしまっているからおもしろい。**

オランダ人のモデルの子からはアイスランド人のモデルの子やイギリス人のモデルの子を紹介されたこともある。その子のアメリカ人の友だちで自分から俺に連絡してきた子もいたんだけど、オランダ人のモデルの子曰く、「あいつは計算高いから無視していいわよ」っていう忠告も来た。友だちの友だちだから、こういう**クオリティチェックのフィルターも通るから安心だ。**

このつながりがスゴいなと思うのは、この元モデルのオランダ人女性から20年後のいまも「友だちの友だち」の紹介があることだ。ちょうどこの前も元モデルの経歴を持つライターとフォトグラファーのふたりが、日本に取材に来るっていうんで紹介されたばかり。ふたりとは朝まで遊んで楽しかったのは言うまでもない。

○外人女性と付き合うための英語

先に「日本語を話せる外人女性がオススメだ」と書いた。

もちろん日本語を話せる女性に当たればラッキーなのだが、日本語を話さない女性のほうがまだまだ圧倒的に多い。そうなると**やっぱり英語を話せたほうが良い**ということになる。

ただ「英語」と言っても、学校教育の英語、ＴＯＥＩＣの英語、ビジネス英語、そんなものはまったく役に立たないと断言しよう。**必要とされるのは「外人女性と付き合うための英語」なのだ。**

俺は17歳の時に初めて付き合った外人女性に徹底的にこいつを思い知らされた。彼女はアメリカ人であった。

「ハ～イ、今日、元気？」

「なに食べに行こうか？」

「この音楽、ヤバいね！」

人生、こんな会話ばかりではない。例え10代の若者でもだ。ちょっとした些細なことでも、**自分の意見を言うべきところ、自分と彼女の意見の食い違いをまとめるところ、嫉妬したり怒ったりしている彼女を納得させるところ、**そんな場面は至るところで出てくる。

ここで自分というものをハッキリ主張できなければ、男として失格である。

ホント、些細なことはいくらでも出てくる。

「なんであたしのカバン持ってくんないの？」

女性のカバンを男が持つ。こんなこと、親や学校の先生は教えてくれただろうか？　答えはＮＯだ。ここで無視したり、黙っていたり、ごまかしたり、薄ら笑いを浮かべたりしたら、彼女はもう許してはくれない。口答えなんかしたらもっての外である。こんな些細な問題でも、自分がきちんとなにかを発言して、彼女のカバンを紳士らしく持ってあげないことには解決しないのだ。

俺の最初の外人の彼女はアメリカ人で気が強い女性だった。彼女の機嫌の良い時は最高だったけれど、機嫌が悪い時は最悪。気性が激しかったし、口ゲンカになるとめちゃくちゃ強かった。俺はひたすら悔しかった。彼女に負けたことが悔しかったのではない。英語で対等にコミュニケーションできない自分のことが悔しかったのである。

では、どのように「外人女性と付き合うための英語」を学ぶのか？

最良の勉強方法は「映画」である。

映画にはさまざまな場面が出てくる。笑い、怒り、悲しみ、希望、愛情、ケンカ、事件、ハッピーエンド……。

俺の場合、**いわゆるラブコメディものの恋愛映画**を観た。

恋愛映画は素晴らしい。出会い、口説き、デート、ＳＥＸ、嫉妬、ケンカ、仲直り。すべてのシーンが入っているから勉強するにはバッチリな教材である。俺はそのなかでも特にケンカのシーンを参考にしようと思って見た。ケンカが始まったら男としてどのように女性に言葉を返すのか。そこを徹底的に見ることにした。

最初は一回全体的に映画を観る。日本語字幕はなしだ。そしてもう一回、字幕付きで観て、最初に観てわからなかった部分を学習する。それからまた字幕なしで観る。そういうのをひたすら繰り返した。

効果はすぐに表れた。映画で覚えたセリフをバシッと言い返した時の彼女の顔は忘れられない。

「あんた、どこでそんな言葉、覚えたの?」

そういう顔だった。しかし、続く彼女からの言葉の応酬には勝てなかった。スゴい反撃だった。俺はまだまだ戦えるフレーズを充分に持っていなかったのだ。

でも、そこからは、**仲直りのシーン**を徹底的に見ることにした。そう。ケンカに勝ったってなにも得をしない。それよりもケンカをしたらいかに仲直りをするのか。そのほうがふたりの付き合いにとっては大切だと思ったのである。

英語を学ぶのは、彼女とケンカをするためではない。

外人女性と付き合うためには、英語のここを学んでほしいのだ。

ほめること
愛していると伝えること
笑わせること

ケンカしても解決すること

映画にはこのレッスンのすべてが入っている。しかも、ほぼ即戦力となる実用編の英語だ。TSUTAYAでもいい。NETFLIXでもいい。まずは映画を観て英語を学ぶといい。

○ポルノを観る

そうそう。同じ映像ということで、**海外のポルノもオススメだ。**いまはインターネットでポルノが観れるから、まずはそこから自分で英語を嗅ぎだして、英語を勉強するのも良い方法だ。

ただ、ポルノばっかり観ているとち**ょっとした勘違いも生まれる。**

例えば、海外のポルノには女性のお尻を叩くシーンが多い。多いなんてものじゃない。ごくごく当たり前の感じでなんどもなんども出てくる。10代の時、それを万国共通の文化だと思ってしまった俺は、初めての女性との何度目かのSEXの時に思いっきりお尻を叩いてみた。ちなみにその彼女は先輩の日本人女性。当然喜ばれると思っていた俺は、先輩から思いっきり頬っぺたを引っ叩かれてしまうのである。

バチーーーン!!

「あんた、なにしてんのよっっっ!!」

この時のビンタはのちにアメリカ人の彼女ができるまで、しばらくの間トラウマとなった。トラウマが解消した話についてはあとに書くことにする。

まあ、どこの国の女の子を落とすにしても英語を学ぶのが良い。

俺が英語が上達した理由は100%、女性がモチベーションとなっている。

ハッキリ言おう。

英語上達の鍵は、海外での経験よりも外人女性との経験だ。英語に限らず、狙っている女性の母国語でも良い。

メキシコ人女性と付き合った時はスペイン語を話せるようになった。これは良い流れを作った。その彼女と別れたあとも、スペイン語を話せた俺は、メキシコからずっと南下していって、コロンビア、ベネズエラ、アルゼンチンといった国々の女性とも付き合うことができた。もちろんスペイン人女性とも付き合った。**スペイン語は母国語であるスペインのほか、ブラジル以外の中南米をカバーしているから、かなり使える言葉なのだ。**

あと、俺が勧めるのは**ロシア語とハンガリー語**だね。日本人の男がこの言葉を話せたらロシア人とハンガリー人は絶対に落とせるはずだ。

○恋人はサンタクロースならぬ風俗嬢

ここまで読んで、「なんだかやること多いなあ」「ハードル高いなあ」と思ったキミ。

最短コースを教えよう！

一番手っ取り早いのは、海外旅行して風俗で場慣れすることだ。

風俗で女性と会い、ＳＥＸする。一瞬にして、英語の会話からＳＥＸまでのすべてを経験できてしまうのである。

ちなみに俺の場合、風俗嬢に好かれることも多かった。たぶん風俗って、女性はビジネスとして捉えているはずだ。そこで俺は、「あとで食事行こうよ」とか「一緒に遊ぼうよ」とか言ってしまうんだけど、彼女たちはあまりそういう声をかけられたことがないんじゃないのかな？　**俺はビジネスではなく、普通にレディーとして見るし、それが良かったのかもしれない。**実際、そこから付き合いが始まるような女性も出てきたしね。ただ、普通の男だったら自分の彼女が風俗嬢だったらどう思うのだろうか？　俺はそういうことは全然気にしないのだが、自分の彼女が風俗嬢だったり、ポルノ女優だったりしても大丈夫だっていうメンタリティ。そこまで持っていけるかどうかっていうことだろうね。

ちなみに、俺の頼りない友だちや後輩はその辺が下手で、カモられたり、ボラれたりするヤツもいた。例えば、男友だちとロンドンに行った時。一番ギラついていた友だちがある晩、ソーホーでいい店があるからみんなで行こうと言い張った。ストリップクラブらしく、なんでも、前の日に下見をしてお気に入りの女性もいたから、店のクオリティは保証すると言う。そこまで言うのならと行ったところ、どうも店の雰囲気がおかしい。席について、女性が隣に着いて、ドリンクをオーダーしようってなった時に、俺はメニューを見せろと言った。友だちはすでに女性が横にいるから超盛り上がっている。メニューに書かれたドリンクを見ると1杯何万円もするのだ。すぐに店を出たから被害は少なかったものの（それでもひとり何万円も取られた）、ひどい経験をさせられた。でも、その理由はただひとつ。

空気を読まないで、自分のことしか考えていないから。

そう。ヤツらはギラついて、やりたい気持ちばかりが先立っていたのだ。

「先勃つ不幸をお許しください」

そんな言い訳では女性はついてこない。空気を読むっていうのはマナーなのだ。日本人であれば、日本人同士でわかる空気があるだろう。でも外人女性と一緒の時は自分からアンテナを立てないとわからないこともけっこうあるのだ。

いずれにしてもここで重要なのは、**ただSEXだけしていたらダメ**だっていうこと。女性をレディーとしてちゃんと扱い、コミュニケーションを楽しんで、SEXを愛のあるものにして、SEXのあとも会話を続けること。

風俗に行っても、レディーファースト。ジェントルマンを通すこと。

ギラつくとやっぱり嫌がられるし、足元も見られる。

風俗に行っても、その時だけは**「彼女」っていうタッチで接してあげる。**もちろん向こうは金しか見ていないんだろうけれどね。それでもそのあと、風俗嬢と仕事抜きで会う仲になることもちょくちょくあったよ。

ちなみに、俺たちの間で最高とされている風俗は**ドイツにある「FKK」**だ。FKKは郊外にある一軒家やお城がまるごと風俗になっている建物で、客はロッカールームでガウンに着替え、シャワーを浴びて、スパやロビーで風俗嬢に声をかけてプレイルームに直行、というスタイルで遊ぶ。ここには何十人、いや何百人もの女性、しかも各国から来た美女たちが揃っている。いろんな国のいろんなタイプの女性とも遊べるので、最短コースのなかでも特にオススメである。

ちなみに、海外で風俗が合法化されているところをお伝えしよう。

ドイツ、オーストリア、オランダ、フランス、イタリア、スペイン、ベルギー、チェコ、ギリシャ。

そして、これも覚えておいてほしい。

外人風俗に遊びに行ったら、ハンガリー人を探せ。

俺たちの経験からすると、各国の美女が揃っているＦＫＫのなかでも、**やっぱりハンガリー人が一番情に厚くて優しかった。**それがなぜなのかはわからないのだけれど。

あと、アメリカなんかだと、女性を自分の部屋に呼ぶエスコートサービスなんていうのがあるんだけれど、俺はそれほど好きじゃなかったな。もうＳＥＸのみだから。友だちで好きなヤツはいたけどね。

ちなみにそいつはニューヨークに一緒に行った時、まず電話での交渉からうまくて、自分の好みの女性をかなりマニアックなところまで指定して、黒人の風俗嬢を呼んでいきなり仲良くなって、次の日からいろいろ彼女の地元ニューヨークの人脈もフックアップしてもらっていたよ。

海外旅行して風俗で場離れする。

そこから日本語を話せる外人女性を見つけて付き合う。

それが「外専」最短コースだ。

「習うより慣れよ」だ。

○地方は狙い目

東京在住の人にも言いたいんだけれど、地方に目を向けてみるのもいい。夜の店にけっこう外人女性が働いていたりするから。

俺も前に新潟とか会津若松とか福岡とかでそういう店に行った時、すぐに女の子と仲良くなって、店が終わった後とか、翌日の日曜日とかに一緒に遊びに出かけたし、そういう子は東京に行きたがったから、**呼んだら必ず東京に俺を訪ねて遊びに来たね。**

例えば、新潟の店。地元の人に外人女性のいる店を教えてもらったら、普通の日本人キャバクラだったんだよね。ガッカリしていたら、いきなりダンスタイムが始まり、アメリカ人のポールダンサーが2名登場したんだ。喜んだ俺たちはマネージャーに言ってふたりを席に呼んで、一緒に飲んで、けっこう盛り上がった。そのあと俺たちはその店を出たんだけど、店が終わる頃に待ち合わせして、朝まで飲んだね。「こっちに住みなよ」とまで言われたよ。

会津若松の外人パブに行った時は、こっちもふたり組で、ふたりのルーマニア人女性と仲良くなった。翌日が日曜日だったんで、彼女たちが共同で住む家に迎えに行って、彼女たちの指示に従って向かった先はデニーズだった。そこからいろいろ遊んで、最後は二手に別れた。そのあとも彼女からはなんども連絡があって、「会津若松に来てほしい」って言って来たんだけど、逆に俺は彼女を東京に呼んだよ。

福岡の店に行った時は、アメリカ人の女の子と仲良くなって、その子は東京に2～3回遊びに来たよ。しかもたまたま後で知り合ったロサンゼルスの友だちがその女の子とつながっていたから驚いたね。これも**「類は友を呼ぶ」良い例**なのかもね。

そうそう。この前も、中国・九州地方で夜のお店を展開しているところで外人女性が働いているっていう情報が入ってきたよ。ホームページを見たら、ダンサーということで美しい外人女性の写真が掲載されていた。機会があればチェックしたいな。

SUMMARY
国際交流は自分から作る

1

巷の国際交流は行かないこと。
自分で友だちを作って、そこからいい流れを生み出せ。

2

必要とされる英語は「外人女性と付き合うための英語」。
最良の勉強方法は「映画」である。

3

海外のポルノも英語勉強にはオススメ。
英語以外では、スペイン語、ロシア語、
ハンガリー語の勉強がおすすめ。

4

最短コースは、海外の風俗で場離れすること。
あるいは日本語を話せる外人女性を見つけて付き合え。

5

最高の風俗はドイツにある「ＦＫＫ」。
最高の風俗嬢はハンガリー人女性。

6

地方の夜の店にけっこう外人女性が働いているので、狙い目。
東京に呼ぶのもいい。

第３講
出会いからＳＥＸまで

○英会話教師を狙え

出会いについてもう少し話そう。

第1講では、モデルや風俗の話をした。「いやあ、もうちょっと普通の女性がいいなあ」。そう思ったキミ。とっておきの手を教えよう。

英会話教師を狙え！

簡単に知り合える方法がある。俺は電車に乗っている時にひらめいた。電車のドアの窓に貼ってあった広告。そこにはこんなことが書かれていたのだ。

英会話学校、無料体験入学、受付中！

その英会話学校は都内に何校も抱えていた。俺は何校か行ってみて、無料体験入学を試みた。そして実際、英会話教師の女性と知り合い、すぐ夜遊びに誘うことができた。理由は彼女が東京のクラブで遊んでみたいと言ったからだ。第1講を思い出してほしい。

そう。「共通の趣味を探れ」だ。

もちろん無料体験で出てくる教師がつねに女性とは限らない。男性の場合だってある。そういう時はどうするのか？　第1講の「類は友を呼ぶ」を思い出してほしい。仲間にしてしまえばいいのだ。なにしろ彼には外人女性の友だちはたくさんいるのだ。

それで、**英会話の男の先生に日本人の女の子を紹介するからと言って、そいつに外人の女の子を紹介してもらったこともある。**ちょっとした**交換留学**みたいなもんだね。

男同士だとギブ&テイクが成立しやすいから、**お互いがWIN WINになる**ようにもっていけばいい。

ちなみに、日本にいる英会話教師なんだけど、本国でも教師をやっている女性はほぼいないと思う。普通の外人女性で日本が好きで来日して、手軽なバイトとして英語を教えている場合が多いのだ。彼女たちは休みの日になると、みんなで集まって食事会を開いたりしている。そこに呼ばれると一気に**外人女性人脈が広がるという特典付き**も待っているのだ。

○どうやって声をかけるのか

例えば、バーとかクラブで好みのタイプの外人女性を見つけた。そんな時はどうやって声をかけるのか？ 俺としては、**自分から声をかけるんじゃなく、向こうから声をかけるように仕向けたい。**だからそういうヴァイブスを出す。

まずはアイコンタクト。

相手のことをチラッと見る。目が合った時に、行けるか行けないかわかるじゃん。向こうが微笑んでくれれば最高。こっちに興味があるんだなっていう笑顔だからだ。

そこから「Hi!」「Hey!」でもう始まったりする。ここは経験があればあるほどスムーズにいく。月並みかもしれないけれど、こんな風に話しかけてみることが多い。

Where're you from?

（どこから来たの？）

What's your name?
（名前は？）

Are you by yourself?
（今日はひとり？）

Would you like some drink?
（一杯おごろうか？）

Hungry?
（お腹空いた？）

けっこう向こうがこっちに興味を持ってそうだったらここまで言ってもいい。

Interesting?

（僕に興味を持った？）

いきなりおもしろいことを言ってもいいんだけど、ドン引きされる可能性もあるから、空気を読みながら言ったほうがいい。

Hello, pretty girl. Where were you hiding?

（ハロー、かわい子ちゃん。いままでどこに隠れてたの？）

そこはリスク覚悟で。でも女に関してはあまりリスクをとって攻めないほうがいいかな。確実に攻めたほうがいいと思う。でも相手が乗ってきたら、そこからいきなり仲良くなることが多い。

このあとの「ほめ殺しのライセンス」でも書いているんだけど、**相手の容姿をほめるのもいい**と思う。

Why you're so cute?

（なんでそんなにかわいいの？）

とかね。

そこから、相手がどういう子なのかを聞いたり、自分がどういうヤツなのかを話していけばいい。

○出会いからＳＥＸまで

初日からＳＥＸしたことって実はないね。いくら女の子のほうから来ても。**初日はジェントルマンとして彼女を家に返す。**彼女はレディーなのだから。仲良くなったんだけど、また会いたい。そういう風に持っていく。

だって俺がやりたいのは**短距離ではなく、マラソン**だから。どうせ狙うのなら金メダルなのだ。だから、**ＳＥＸは出会ってから２回目、３回目が多い**かな。もちろんもっと会う回数を重ねてから

SEXをすることもあった。ただ、2ヶ月、3ヶ月も経つと、「あ、この人、友だちね」ってなる可能性も増えてくるから注意。まあ、女の子にもよるけれどね。

出会って最初に行くところはご飯が一番かな。

第1講でも書いたんだけど、彼女がなにを食べるのが好きなのか、情報を得ておいて、彼女が喜びそうなところに連れていく。それは1回目の会話で情報収集を済ませておく。2回目でそこを達成する。ご飯のあとはどこに行くのか？　散歩してみたり、お酒を飲みに行ったり、コーヒーを飲みに行ったり、クラブに行ったり。彼女に聞きつつ、自分からも提案して、ふたりで決めたところに行くのがいい。

さて、いい感じになってきた。

だけどここで焦ってはいけない。うまくSEXに持っていこうなんてあざとい考えはまず捨てたほうがよい。向こうはハッキリしているのだ。YESかNO。**SEXがしたかったらそういう空気になる。SEXをする気がなければそういう空気にはまったくならない。**

ちなみに、SEXをするってなっても、ラブホテルには抵抗があるね。たぶん女の子はついて来ないよ。**ラブホテル＝「私をそういう女として見ているの？」**ってことになるから。だから、「私、ビッチじゃないわよ」ってなってしまう。２時間で料金いくらみたいな場所に行くっていうことは、そういう意味になるから。

だから、**家に連れてくのがいいね。**かと言って、

家＝ＳＥＸっていう風に持っていく必要もない。

日本人だったら、家＝連れ込んでＳＥＸみたいな考えもあるだろうけれど。家に連れていって、コーヒーを飲んでもいいし、お酒を飲んでもいいし、いろいろ話してもっとお互いのことを知るのもいいし、テレビや映画を観たり、音楽を聴いたりするのもいい。つまり、普通に友だちとの家遊びの感覚でいい。そこから甘い雰囲気になったり、いちゃいちゃしたりすれば、それもいい。そこはまあ、万国共通だと思うけれど。女の子のほうが自分の家にこっちを連れていきたがるパターンも多いね。どうもそのほうが落ち着くらしいんだよね。

第１講の「まずはご飯に誘え」でもアウェイ感の話をしたんだけど、彼女がアウェイ感を味わいたくないのであれば、そこは尊重してあげたほうがいい。

とにかく彼女に安心感を持たせたほうがいい。

特に、海外から日本に来ている外人女性の場合、家族もいないし、友だちもいなかったりして、完全にアウェイなわけだから。**そこはアウェイ感を解き放してあげるべきだね。**

○ボディタッチは言葉の要らない世界

外人女性ってけっこうボディタッチをしてくるんだ。

気がついたら自然と腰に手が回っていたりとか、背中を指でいろいろ触ってくすぐってきたりとか、腕を組んできたりとか。

だから、こっちも恥ずかしがらずに軽く触ったほうがいい。肩をなでるのでもいいし、太ももにタッチするのもいいし、腰に手を回すのもいい。**ていうか、ボディタッチは必要だね。**

ボディタッチをやることによって親密感が増す。

言葉の要らない世界に突入する。

日本人の場合、女の子に触った瞬間、いきなり「この人、私に興味がある！」ってスイッチが入ってしまうことが多い。それはＯＫの場合でも、拒否の場合でも、スイッチが入るんだよね。

外人女性の場合、そこが自然なんだ。スイッチが入る感じじゃなくて、スーッと自然に持ち込める。もちろん、そこで焦ってベタベタ触ると、パチンと叩かれたりもするよ。そこのさじ加減は気を付けるというよりも頑張るぐらいしないといけない。

まあ、こういうのは相手あっての話だから、独りよがりはやめて、彼女と対話するようにボディタッチを進めていったほうがいい。**ごく自然に、だけど楽しく、親しさと愛情を込めて。**

触る時のコツを教えよう。

第４講で詳しく説明するが、外人女性に対して「レディーファースト」はマストなのだ。そのレディーファーストをやる時、例えば、彼女を「ドーゾ」って感じで前にエスコートする際にさりげなく腰を触ってみる。つまり、**レディーファーストをやりながらボディタッチ。**それで嫌がられなかったら引き続きボディタッチすればいい。やみくもに触るよりも、レディーファーストで触ったほうがスマートだし、リスクも少ない。

ショッピングの時だって、レディーファーストをやりながらボディタッチできる。例えば、試着の時に帽子をかぶせてあげたり、靴を履かせてあげたり、ジャケットを着せてあげたり。バイクに乗る人だったら、ふたり乗りの時にヘルメットをかぶせてあげながらボディタッチができる。サーフィンやスノーボードを一緒にやる時だったら、足の位置とか、腰のバランス、肩の位置とかを教えながらボディタッチができる。自分の好きな音楽を彼女に聴かせたい時だったら、彼女の髪をかき分けて、彼女の耳にイヤフォンを付けてあげたりもできる。それこそ、一緒に歩いている時だって、「車が来るから危ない」なんて言って、手を引っ張ってあげたり、肩や背中、腰なんかを引き寄せてあげてもいい。

そういういろいろな場面で、**さりげなく触るチャンスはいくらでもある。**

あと、飲んでいる時、一緒に踊ってる時って、ボディタッチはより自然で親密なものになりやすいね。触って、身体をもっと近づけて、手で腰を寄せて、背中あたりをちょっとくすぐってみたりして。そこから、そのまま自然にキスになることも多いね。

「あれ、いいんだ!?」

そうなるよね。**そしたら、もうレッツゴーだね。**彼女のほうから来たら、逆にビビらず、行くしかない。

そこでビビったら、彼女が「こいつなんなの？」ってなるから。

来る者拒まず、去る者追わず。

Follow your heart（自分のハートに従って行動しろ）ってことだね。

ちなみに、日本人の女の子だと、ここで駆け引きを持ってくるじゃん。あるいは「ほかの女の子にもこういうことしているんでしょ」とか言ってくることもある。そういうのは外人女性にはないね。ほかの女の子とは関係ないしね。

ボディタッチとか、そういうプロセスを経て、会って3回目ぐらいにＳＥＸにできるといい。

○シャイなキミにもできるスキンシップ

ボディタッチって言っても、ちょっとタイミングが読めないなあ。だけど、なんとか一歩でも距離を近づけたい。

そんな時はスキンシップを楽しんだほうがよい。**シャイなキミにでも簡単にできるスキンシップ**を教えよう。

外人女性は好奇心が旺盛。そこをくすぐるのだ。

「これ知ってる?」

「知らなかったら教えてあげるよ」

そんな感じで手取り足取り教えてあげればいいのだ。

「エスキモーキスって知ってる?」

「キス」と聞いて一瞬警戒するかもしれない。そうしたらすかさず、「普通のキスじゃないよ。唇と唇を合わせないでキスするんだ」と、説明する。「唇を合わせない」と聞いて警戒は解くはずだ。

「でもどうやって?」

「こうやってやるんだよ」

自分の鼻を彼女の鼻に近づけ、彼女の鼻の左右を交互に自分の鼻で軽く触れるのだ。

「エスキモーの住むところは寒すぎて、唇をくっつけると凍ってしまう。だからこうやって鼻と鼻でキスするんだ」

無邪気だし、おもしろいし、なんとなく笑顔になってしまう。ふたりの距離はグッと近づくし、俺の場合、女性のほうが鼻を触られて刺激されたのか、本当のキスになってしまうこともあった。

まつ毛の長い女性であれば、**バタフライキス**という手もある。お互いのまつ毛をくっつけてパタパタと瞬きするのだ。このパターンはいろいろと使える。**日本とか東洋の神秘**を持ち出せば簡単だし、適当であっても疑われることはまずない。

指圧マッサージ

背骨や仙骨、骨盤をチェックする整体

チャクラのチェック

手相占い

手を取り合って瞑想

気を送る

お酒の席だったら、もっと簡単なものもある。

ショットの一気だ。しかもふたりの腕を交差しての一気。グイッと一気飲みする時にはふたりは抱き合う寸前になっている。これで盛り上がったら大笑いしながらハグしてみよう。楽しい気持ちを思いっきり表現すればいい。そのまま女性の唇にキスする勇気がなければ、エスキモーキスでもいいし、頬っぺたにキスしてもいい。

スマホで**ふたり揃って自撮り（セルフィー）**をしてみるのもいいね。これもふたりがぴったりくっつかないとなかなか撮れないし、「うまく撮れない」なんて言ってなんども撮るのも楽しい。

ネタが続かなかったら、今度は彼女に**「なにか俺の知らないことを教えて」**と聞いてみるのもいい。ソクラテスの説く「無知の知」はここでも生きているのだ。

○ SとMの狭間

外人女性を口説く時、あんまり頑張って口説いてもうまくいかないものだ。

大好きなのにちょっと突き放す。**いわゆるツンデレを出せ！**　もちろん**同時にほめる**ことも忘れてはいけない。ツンデレもやれば、ほめもする。言わばSとMの狭間みたいなところでバランスを取るとうまくいくのだ。

日本人女性って、Mが多いよね。だから俺の場合、それに合わせて自分のキャラもドSになってしまう。日本人男性も、女性に対して「俺について来い」みたいなタイプが多いよね。でもこれは外人女性の場合だと通用しないのだ。外人女性の場合、SかMかのどちらかに割り切れない人が多い。

SとMの狭間。あるいはSとMの同居。

そうなると、自分のキャラのなかからもSとMの両方が出てくる。どちらかだけに偏らないし、場面ごとにいろいろ変わってくる。SとMを自分で使い分ける感覚ではなく、**相手の女性の出方によって自分のSとMを引き出されていく。**しかも女性の出方がどういう出方なのか、そのポイントがまったく読めないのだ。**女性が攻め込んできた時は、全部受け入れてMになるしかない。**

これはコツである。**そういう時に男のほうからもワーッって攻めると、もうバーンってぶつかって、大炎上するだけだ。**これは付き合い始めていくうちにさらにそうなっていくから気をつけたほうがいい。

「構えあって構えなし」

剣豪の宮本武蔵はこんな言葉を残している。
真っ向から勝負をするのではない。キミは日本男児なのだから、武士のように相手の剣を読みながら戦いに挑んでいってほしい。

○ほめ殺しのライセンス

ほめること
愛していると伝えること
笑わせること
ケンカしても解決すること
外人女性と付き合うための英語はこれを学べと先に書いた。

ほめること。

まずこれは基本中の基本だ。しかしこれは日本人の伝統的な父権制社会には欠けているものである。

You're so cute!
（かわいいなあ！）

Why you're so beautiful!?
（なんでそんなにきれいなの!?）

「かわいい」「美しい」っていうことをストレートに言う。日本語にしたら、かなり小っ恥ずかしいセリフである。

だけど、こんなセリフで始まるきっかけだってあるのだ。ツンデレというもうひとつの武器を持ちつつ、とにかくほめ殺してみるのもいい。ほめ殺しが大げさすぎて相手が笑ってしまうこともあるんだけど、それもアリだ。とにかくそれで女性の心の扉を開くことができたらラッキーだと思っていい。

目がきれい、唇がかわいい、とか**パーツをほめるのもいい。**「アゴがセクシーだね」なんて言えば、「エッ、なんで!? (笑)」ってなるから、そこから楽しい会話が始まる。日本の女の子だと、「エエーッ!?」とか「またまた〜」とか「うまいんだから〜」って勘ぐっちゃうところなんだけど。外人女性だと、「Oh! Thank you!」とかサクッと笑顔で応えてくれる。

さらに、**着ている服**のこともほめるし、**身に着けているアクセサリー**もほめるといい。**髪型**もいつもと少しでも違っていたらほめてあげる。

女性っていうのは、ちゃんと考えて時間をかけて、自分を美しく見せようとしているのだ。そこに気付いてあげて、彼女のよいところをほめてあげれば、スゴく喜ぶよ。ただし、付き合ってしばらく経って、着飾っているのになにも言わないと、**「なにも見てないの!?」**ってスゲエ怒られる。

外人女性のなかでも、**イギリス人女性だけは特殊だと思うね。**イギリス人女性は、男性と同等レベル、みたいな気持ちを持っているんじゃないかな。K DUB

SHINEもキングギドラの「F.B.B.」のリリックで、「イギリス人女性の自立心持て」なんて言っているくらいだから。だから、けっこうフェミニンなことでほめるよりも、**男性と同等レベル**として見てあげているような会話のほうが喜ぶ。「きれい」じゃなくて、「カッコいい」とか言ってあげるといい。

You look cool!
（カッコいいね！）

You're looking great!
（今日はステキだね！）

You look incredible!
（スゴく素敵だね！）

とか。あるいは

Why you're so sexy!?
（なんでそんなにセクシーなの!?）

ぐらい言ったほうが喜ぶね。
見た目以外に、**知的なところをほめる**のもいいね。例えば、

How did you get that knowledge?
（なんでそんなことまで知ってるの?）

とか。

You're genius!
（キミ、天才だね！）

なんていうのも使えるほめ言葉だ。

彼女がなにか機転を利かせた時でもいいし、それこそ彼女が作ってくれた料理がおいしかった時でもいい。

会計士の女の子だったら、「俺、数字が弱いから言うけど、よくできるね！」とか。

スポーツやっている子だったら、「俺、スポーツあまりやらないけど、それスゴいよね」とか。

You're gorgeous!

（キミ、ゴージャスだね！）

なんていうのも、最上級のほめ言葉だと思う。

ちなみに、彼女が元気ない時にはどういう言葉をかけたらいいのか？

そういう時は、最初からあまり深いことは聞かないで、

What happened?

(どうしたの?)

Anything wrong with you?

(なにかあったの?)

って聞いて、彼女がしゃべり始めたら、きちんと聞いてあげればいい。こっちからガシガシ聞いちゃダメ。

あと、「ほめること」で忘れちゃいけないことがある。

永遠にほめ続けること。

付き合い始めの頃はもちろんほめる。だけど、付き合ってしばらくするとほめなくなる。

これは外人女性にとっては許されないことなのだ。長い付き合いになっても、結婚しても、子供ができても、年を重ねても、外人女性のことはずっとほめ続けなければいけない。

ほめること
愛していると伝えること

これは永遠に続けなくてはいけないものなのだ。

ここで、おもしろいことも起こる。**女性のほうが男性をほめ殺しにすることも多いのだ。**

オランダ人女性と付き合った時、彼女が地元のオランダに帰っている時、会えない寂しさもあってか、俺にミックステープをよく送ってきてくれた。彼女が自分で好きな曲を選んで、曲と曲をつないで、時にラジオのパーソナリティのようなノリで、なにかしゃべったものを録音して入れてくる。

そのなかで彼女はなんと俺のことを「ビューティフル」と言ってくれたのだ。「カッコイイ」とかならまだわからないでもない。しかし「ビューティフル」だなんて。こんなほめ殺しは聞いたことがなかった。彼女は一緒に飲んでいる時もそういうことを言ってくれた。

俺はうれしくなってしまって、彼女のこともほめまくったよ。ふたりでやるほめ殺し合いは楽しかった。そのまま流れに乗ったＳＥＸも楽しかった。

俺はビューティフルなのにビースト（野獣）と化してしまったのだ。

そうそう。こういうギャップも外人女性には好まれるから覚えておいてほしい。外人男性だと見てくれもビースト、中身もビーストなんていうのが多いからね。自分のなかにあるギャップは自覚しておいたほうがうまくいく。

ギャップ萌えを狙え！

SUMMARY

出会いからＳＥＸまで

1

英会話学校の無料体験入学を狙え。英会話教師の女性と知り合え。

2

外人女性のほうから声をかけるように仕向けてアイコンタクト。
そこから「Hi!」「Hey!」と話しかけてみよう。
相手の容姿をほめるのもいい。

3

初日はジェントルマンとして彼女を家に返す。
ＳＥＸは出会ってから２回目、３回目から。焦ったらダメ。
大切なのは、彼女に安心感を持たせること。

4

ボディタッチは必要。
触る時のコツは、レディーファーストの際にさりげなくタッチ。

5

シャイなキミにおすすめのスキンシップ。
エスキモーキス、指圧マッサージ、整体、手相占い、
瞑想などの日本・東洋の神秘、スマホでふたり揃って自撮りなどなど。

6

外人女性を口説く時は、ツンデレを出すと同時にほめることも忘れずに。
ＳとＭの狭間のバランスを覚えよ。

7

ほめることは基本中の基本。
ルックス、パーツ、服、髪型、いろいろほめるといい。
そして永遠にほめ続けること。

第４講
付き合いとＳＥＸにおける
カルチャーショック

○相手のステキな呼び方

付き合い始めていくうちに、女の子が自分のことを呼ぶ、呼び方が急に親密になることがある。
話し言葉でもメールの文章でも出てくるんだ。

Hi sweetheart!

Hey babe!

とかね。こういう言葉はたくさんあるよ。

sweetheart
sweetie
darling
babe

baby

cutie

angel

my dear

my love

最近だと「bae」とかもあるね。

日本語でベイビーとかダーリンとか、歌のなかでしか出てこないような、これも小っ恥ずかしい言葉なんだけど、これが自然に出てくるのが外人女性。一回ＳＥＸしたぐらいでこっちから言うのはオススメできないけれど、女の子のほうから言ってきたら、そこに合わせてこっちもいい感じで呼んであげればいい。

それがたまに、いきなり、

Hey you!

とか来るとドキッとしたりするんだけれど、気にしないほうがいい。あまり考えてないはずだから。

それどころか、**「Hey you!」って言えるような仲**になったってことだよね。

○流れにはとことん乗っておけ

趣味が合う。ウマが合う。相性が良い。さらにSEXの相性も良い。

外人女性との付き合い始めの頃って、本当、トントン拍子でうまくいく時はうまくいくものだ。だけど、うまくいかない時は本当にうまくいかない。だから、あるがままを受け入れるしかないのだ。

俺の場合、最初の頃、純愛から始まる外人女性との付き合いはあまりなかった。基本、SEXから入る付き合いがほとんどであった。それはなぜか？ **流れにとことん乗っていただけだから。**

だからと言って、狙って、女性に酒を飲ませてその日にやっちゃおうとか思ったことは一度もない。日本人って強引にそういうことをする人っているよね。だけど、**強引にやると絶対に引かれる。**気持ちはわかるのだが、慌ててしまっては元も子もない。下手に慌てると女性にバレてしまうだけだ。

もちろん相手の女性がやりたい時は全然ウェルカムだ。たまにこういうことがある。クラブで遊んでいる時に、男のパートナーが偶然、知り合いの外人女性と出くわす。向こうも友だち連れでふたり組だ。向こうの友だちに俺は引っ張られて、気づけばトイレのなかでふたりっきりになっている。

これはどういう状況なんだ？　と思うだろう。映画かポルノのワンシーンのようだ。だけど、そんな時も決してたじろいだりしてはいけない。逆にラッキーだと思うのだ。

流れに身を任せて躊躇しない。

男女の関係になりそうな予感がする。そういうチャンスがあったら、躊躇しない。躊躇したら向こうが「エ～～ッ!?」ってなってしまう。

「男らしくないじゃん！」

せいぜいそう思われてしまうだけなのだ。

先に、男のパートナーとどちらかの家でホームパーティをやって外人女性を呼んで、二手に別れるという話をした。

ある時、俺のニュージーランド人の彼女から相談があった。女友だちが彼氏を探しているというのだ。早速、俺はその女友だちを俺のパートナーに紹介しようと思って、パートナーの家でホームパーティを開いた。ワインを飲んでいい感じになってしまった俺と彼女は、ホスト役であるにも関わらず、早くからふたりでエロエロになって我慢できなくなってしまい、パートナーと女友だちのふたりを置き去りにして自分の家に帰ってしまったことがある。

あとになってパートナーから話を聞いたところによると、残されたふたりは、「じゃあやりますか」「ハイ」みたいな感じになったという。どうやら女性のほうがSEXをしたかったようだ。パートナーも俺と同じ主義で、流れにはとことん乗っておく男であった。数ヶ月してふたりは結婚した。理由は特になかったという。しかも彼女は全然タイプじゃなかったという。悪い言い方をすれば、なあなあだったという。そして、その結婚は長くは続かなかった。

先に「自分に合った女性を探そうとはするな。女性に自分を合わせるのだ」と書いた。それはそれで正しいのだが、このことも事実である。

タイプの女性じゃないと、長続きしない。

流れに乗ることと、自分を見失うこと。これはコインの表と裏であり、陰と陽である。フォースにバランスをもたらす者にならねばならないのだ。決してスターウォーズのアナキン・スカイウォーカーのように、**ダークサイドに陥ってはいけないのである。**

○キスとお尻のカルチャーを叩き込め

ＳＥＸ。

ＳＥＸというものは人それぞれだ。もちろん外人女性のほうが日本人よりも激しくてスポーティだったり、声が大きかったり、いろいろ話したり叫んだりしながらやるのが好きな女性が多かったりはする。

ただ、ＳＥＸとは愛を確かめるコミュニケーションなのである。男と女の愛の対話なのである。相手ありきのものだから、本当に人それぞれだし、相手との波長を合わせてみたり、お互いのツボを探したり、理解を深めたりしながら追求していくものなのだ。
しかし、SEXにおいて、日本と海外との間で決定的に違う文化がある。

キスとお尻のカルチャーの違いである。

簡単に言ってしまおう。

キスは日常。
お尻はSEXのマストアイテム。

まず、キスはいろんな場面で出てくるもの。だからひるまずやることだ。**キスが自然に出てくるようになれば最高。**海外ではキスは習慣だからね。みんな普通に会っても頬と頬でキスするでしょ。これは頭で理解してもわからないから、もう慣れるしかないのだ。

キスはお母さん相手に練習しろ！

毎朝起きて「おはよう」と挨拶する時、出かける時、帰ってきた時、寝る前。お母さんにキスをするといい。これは挨拶なのだ。それが習慣になれば、彼女にもごく自然にキスができるようになるはずだ。

そしてお尻。

第１講で、海外のポルノを見すぎて、日本人の先輩女性とのＳＥＸでお尻を叩いて、思いっきり頬っぺたを引っ叩かれた話をした。その時のビンタが思いっきり俺のトラウマとなった。自分の信じていたことが間違いだと知った時の衝撃。なにも信じられなくなった10代の憂鬱である。

しかしだ。17歳の時に付き合った初めての外人女性。アメリカ人の彼女とＳＥＸした時のことだ。ふと、ＳＥＸしている最中の彼女が大好きな海外のポルノスターとダブった瞬間が訪れた。その時、なぜか俺は突然、封印していたお尻叩きを解禁しようという気になったのである。

バチーーーーン‼

反応は瞬く間に返ってきた。

How did you know?!

なんと!!

彼女は「なんでわかったの!?」と返してきたのだ。ああ、俺、間違ってなかったんだ……。神様っているんだな。涙が溢れそうになりつつも、俺はそこでツンデレを出した。

I knew it already, baby
(最初からわかっていたぜ、ベイビー)

そんなひと言がスッと出てくるほど、映画を通じて俺の英語学習は上達していたのだ。

また、違うアメリカ人女性とのSEXの時。なんの前触れもなく、いきなり最中に彼女に自分のあそこを引っこ抜かれ、アナルに挿入させられたことがある。これには本当にビックリさせられた。どちらかと言うと、その女性は真面目で堅い仕事をしていたから、アナルなんてまったく予想つかなかったからだ。ただ、ここでも俺は流れにはとことん乗っておいた。さらには、俺の手首をつかまれ、指をアナルに挿入させられもした。いや、驚いたね。それが俺のアナルSEXの始まりでもあった。

ざっくり言ってしまうと、**海外ではお尻カルチャーが強い。**日本だとおっぱいカルチャーが強いよね。

巨乳、美乳、微乳……人それぞれにおっぱいのこだわりがある。海外ではそれに負けないくらいお尻に対するこだわりが強いのだ。**お尻はデカければデカいほど良しとする美意識もあるし、ＳＥＸの時も、お尻を叩くし、お尻をブリンブリン揺らすし、アナルＳＥＸもする。**女性のほうもアナルでいっぱいオナニーをしてやり慣れてるから入りやすくなっている。海外のポルノを観ていても、必ずアナルＳＥＸが出てくるしね。

もちろん、外人女性のすべてがお尻好きだとは限らない。そこは人によってさまざまだと言っていい。**アナルＳＥＸはＯＫだけれどお尻を叩くのはＮＧ。**そんな女性もいたくらいだ。だから、できれば事前に確かめておいたほうが良い。もし好きじゃないのに強行した場合、俺の先輩女性以上のビンタが飛んでくるだろうから。

ケツは熱いうちに打て!!

アナルＳＥＸに関しては、入れにくいから敬遠している人も多い。だけど、入れにくいから興奮するのだ。アナルの良さはやっぱり、すべてを征服した喜び。これに尽きるね。**３つの穴をすべて征服した喜びと言っていい。**

だから、女の子もすべてを征服されたっていう気持ちになるんじゃないかな。ちなみに、SEXの順番としては、**アナルは最後に持ってくることが多いね。**

ただ、ひとりだけ、イギリス人の彼女の時は、最初にトイレでアナルSEXから始まったことがある。

アメリカのポルノを観ていても、最後にアナルSEXをやって、一番最後はSEXしないで、女の子にいっぱいブロウジョブをさせてそのままフィニッシュっていうのが多いよね。俺もあれは大好き。スクイーズされて顔に出す。最高だよ。

それをすぐに実体験したければ、FKKに行こう!

○シリコンバレーにようこそ

お尻の話が出たので、**おっぱいの話**にも少し触れておこう。

おっぱいに関しては、好みは人それぞれだろう。そこには日本も海外も関係ない。ただ、日本同様、海外にも巨乳を良しとするカルチャーは当然ある。そこで、どのようなことが起こるかというと、ニセ巨乳の登場である。

つまり、**シリコンバッグを入れるなどして豊胸手術を施した巨乳女性も多い**ということだ。

参考までに、豊胸手術が盛んな国ランキングトップ10をお伝えしよう。

1位：アメリカ
2位：ブラジル
3位：メキシコ
4位：ドイツ
5位：スペイン
6位：コロンビア、ベネズエラ
7位：ロシア
8位：カナダ

9位：イギリス
10位：ギリシャ

なんとまあ、北米、中南米、ヨーロッパばかりではないか。俺らの大好きな外人巨乳女性のなかにシリコン巨乳のいる確率はけっこう高いのかもしれない。ちなみに、俺はというと、シリコン巨乳にあまり抵抗がない。一度、貧乳だった彼女に豊胸をすすめて、怒られて、思いっきり引っ叩かれたこともある。

また、ほかの彼女がタイ旅行に行って日本に戻ってきたら、シリコン巨乳になっていたこともある。

とは言え、シリコン巨乳に抵抗がある男性もけっこう多いようだ。

シリコン巨乳に抵抗がある男性にとって、その外人女性が**シリコン巨乳なのかナチュラル巨乳なのか**、一体どのようにして見わけるのか？　その見わけ方を伝授しておこう。

胸の谷間を見ればいいのだ。

もし谷間がタテに真っ直ぐ、**「I」の字を描いていたら、ナチュラル巨乳**だと思っていい。しかし、谷間が**「Y」の字を描いていたら、シリコン巨乳**の可能性が高い。もともと胸の小さい人が無理やり谷間を作るわけだから、寄せて上げて盛っているからである。

I型なのかY型なのか、ぜひチェックしてみてほしい。

なお、つけ加えると、ごくたまに**お尻にもシリコン**を入れている外人女性もいる。これはお尻カルチャーの強さゆえ、巨尻願望から生まれたものである。また、海外には、お尻を大きく見せるパッド入りパンツなんてものも売っていたりする。お尻が大きいと思っても、疑ってかかる必要はあるのだ。

巨乳、巨尻を見たらまずは疑え。

あとあと失望しないためのセルフディフェンスである。

○無毛地帯という名の楽園

もうひとつ、日本と海外との間で決定的に違う文化がある。

下の毛の文化である。

下の毛はつねに剃っておく。

けっこうこれは基本だったりする。俺の後輩は下の毛を生やし放題だったため、SEXの際にフェラを拒否されたことがある。毛を嫌う女性は多いのだ。**「毛嫌い」**っていう言葉もあるくらいだからね。この言葉、一説によれば、雌馬が雄馬の毛並みを嫌って馬の種付けがうまくいかないところから生まれた言葉らしい。そう。キミは自分のことを外国の雌馬に種付けをする日本の雄馬だと思っていい。

フェラの時は丸腰で臨め！

これは礼儀でありマナーでもある。SEXしたかったら剃っておくに越したことはない。流れにとことん乗って、いざSEXってなった時に、俺の後輩のようにチャンスを逃したらもったいないから。ある外人女性はこんな例えを出してきたことがある。

「食事の時にお皿に毛が乗っかっていたら食べたくなくなるでしょ」

それほど無処理の毛には抵抗があるのだ。まるっきり無毛じゃなくてもいい。せめて剃って整えておいてほしい。そうでないと、フェラを拒否どころか、SEXも拒否、あるいは次回のSEXはなし。そんな状況に簡単になってしまう。

とは言え、日本男児たるもの、無毛に対する不安もあると思う。俺もすっかり無防備のまま温泉やサウナに入って、ほかの男からガン見されたことがある。ふと我を見直すと、毛のない俺のあそこは生まれたての雛鳥のような見てくれであった。

丸腰だからってナメんなよ！　俺のハートはそう叫んでいた。

とは言え、無毛に関しても相手の女性次第なので、正解は存在しない。ただ、外人女性の場合、下の毛を全部剃っているか、チョビひげみたいに少しだけ残して剃っているのが多い。基本がそれで、毛を生やしているのはそういうのが好きだという強い自己主張になる。英語で言えば**「hairy」（毛だらけ）**というマニアックなジャンルになってしまう。逆に俺の場合、日本人女性って、若くてかわいくて外見もきれいにしているのに、毛を剃っていない女性が多いから驚かされる。hairyに遭遇すると、俺の頭のなかではガンズ・アンド・ローゼズの「ウェルカム・トゥ・ザ・ジャングル」が鳴り響く。hairyは俺にとってはギャップ萌えとはならないのだ。

♪シャナナナナナ～～♬

まあ、毛に関してはそれだけ文化の違いがあるということは覚えておいてほしい。そのうえでのキミ自身の選択である。いまはブラジリアンワックスがあるから、自分でも楽に脱毛できる世の中になった。**下の毛を剃る。そこは礼儀としてわきまえて、きれいにしておいたほうがいい。**

○しっとり肌にさよなら

SEXの時になればわかると思うが、日本人女性と外国人女性との間で決定的に違うことがある。**肌の質感の違いである。**

俺も男のパートナーも、日本人女性の肌の質感が好きではなかった。だから、逆にそこは俺たちの外専活動に幸いした。では、なぜ好きではなかったのか？

きめ細かすぎて、赤ちゃんみたいだからだ。あるいは、おふくろを思い出してしまう。俺たちはもしかしたらマザコンなのかもしれない……。

俺は肌に関してはドクターになってもいいかなぐらいに研究を重ねてきた。ざっくり言ってしまおう。

白人はドライ。

南米は粗い。

黒人はしっとり。

アラブ人は一番アジア人に近いかも。

俺は外人女性の肌に動物を感じるのも好きだった。確かな手応えは、熱い血の通った生き物という感じがするからだ。そして、それは中身も強い外人女性そのものだと思えるからだ。

ちなみに、俺にはアメリカと日本のハーフの彼女がいたのだが、彼女はアメリカで生まれ育ち、外見は限りなくピュアな白人に近かったものの、肌に関しては日本人ならではのきめ細かさがあった。こういうミックスもあるので、外見で人を判断してはいけない。

本を表紙で判断してはいけない。 アメリカの有名なことわざである。

○性癖もいろいろ

SEXに関しては女の子それぞれ違うものだ。例えば、**前戯。**

前戯なしにそのままバコーンとブッ込むのが好きな子もいれば、ゆっくりとロマンティックに前戯をやりたいという子もいる。**ハードコア派とロマンティック派にわかれるね。**我慢できなくなったらすぐにその場でもいいからやりたくなる子もいるしね。

「こんなところで?」っていう場所でSEXしたがる外人女性は多いね。

ハンガリー人女性でスゴい子がいて、新幹線のグリーン車の車両のなかでSEXしたことがあるよ。前には人がいたんだけれど、見られてないから後ろの席でやった。彼女とは、俺が車を運転している時に前に乗っけてSEXもした。スリルが好きだったんじゃないかな。

あと、温泉、プールは当然だよね。この前もカナダ人女性と夜、海を見ながら露天風呂でSEXした。飛行機のなかでもやったことがあるよ。しかも座席で。無人島を見つけて、船を出して、そこで太陽の下、星空の下、思う存分SEXしたことがある。

ホテルのトイレもあるし、遊園地の観覧車のなかもあるし、クラブのなかで友達のDJプレイ中にS

ＥＸしたこともある。自分がＤＪをやっている時に、彼女をＤＪブースの台の下に入れて、ブロウジョブさせながらＤＪをやっていたこともある。

そういうパブリックな場所でＳＥＸするのが好きな女っているよ。

その辺の性癖を見つけてあげて楽しませると喜ぶね。

どういうＳＥＸが好きな女なのか見極めると、ずいぶん楽しい付き合いになるよ。

特殊な性癖と言えば、あるアメリカ人のダンサーは、「おしっこかけて」って言ってきたね。だから、かけてあげたよ。さすがにシャワールームのなかでやったけど。

ニュージーランド人の彼女は、Ｍだったから、手錠をかけてＳＥＸしたことがある。でも、それって、子供の頃に親に暴力を振るわれたり、元カレに暴力を振るわれたりっていうＤＶの影響でなってる場合もあるから、ちょっと注意かな。

アメリカ人の彼女で、けっこう気が強くてカッコいい子だと思っていたのに、ＳＥＸでいきなりドＭに豹変した子がいたな。目も怯えるような目に変わったから驚いた。その子は子供の頃、義理のお父さんにいたずらされて、特に耳をよく舐められたみたいで、そのトラウマから、ＳＥＸの時に耳を触ったりキスしたりするのはNGだった。まあこれはサイコロジーの世界の話になるので、この辺にしておこう。

SEXの時にしゃべる女の子もいるね。**SEXを実況中継する女の子。**

「ああ、あなたの○○○スゴく固い。ああ、私は足をこんなに広げて、私の○○○スゴく濡れてる。もっと強く突いて。もっともっと強く！」

まるでポルノなんだけれど、男の状態、自分の状態、いま起こっていること、いましてほしいことを事細かに実況中継みたいにずっとしゃべっている子がいる。もう合わせてこっちもしゃべるしかないよね。実況中継まではできないにしても、「キミは信じられないくらい素敵だね。俺もスゴく興奮しているよ」ぐらいは言ってもいい。

基本、SEXしている時は自分のエゴは置いといて、相手に合わせるしかないと思っている。つまり、**相手の趣味に合わせてSEXするということ。**そこからいかに自分の趣味に持っていくのか。そこは自分の努力次第になるね。

日本人の女の子だと、男の趣味に合わせてくるのが多いと思う。男は女の子に「どうだ!?」って感じで攻める人が多いよね。だけど、外人の女の子の場合は、彼女に合わせてあげる。

ＳＥＸは対話だからね。どちらかの独りよがりであってはいけないと思うから。

ハードコア派の子にはタイマン勝負のようなＳＥＸを。

ロマンティック派の子にはロマンティックなＳＥＸを。

実況中継派の子には実況中継つきのＳＥＸを。

Ｍの子には、自分なりのＳで攻めていって、その子の喜ぶポイントを見つけてあげる。だからと言って、自分を殺せとは言わない。**相手に合わせて、その子の喜ぶポイントを見つけて、自分の喜びも見出していく。**そこからＳＥＸの良いリレーションシップが始まるわけだ。

そして、**ＳＥＸのあと。**

俺はＳＥＸのあともしばらく彼女のことをなでなでしているね。特にお尻とか。

これってけっこう重要。

頭をなでたり、頬をなでたり、身体をくっつけ合ったり、背中をくすぐってみたり、お尻を触り続けたり、足を絡ませたり。**そういうひと時も、ラブラブで楽しんだほうがいい。**

終わりよければすべてよし。

年上の女性を生涯の妻にしたシェイクスピアはそんな名作を残している。

SUMMARY
付き合いとＳＥＸにおけるカルチャーショック

1

sweetheart、sweetie、darling、babe、baby、
cutie、angel、my dear、my love ……
相手のステキな呼び方を覚えよ。

2

流れにはとことん乗っておけ。
男女の関係になりそうなチャンスがあったら、躊躇しない。

3

キスはお母さん相手に練習しろ。
ＳＥＸの時のお尻カルチャーも楽しめ。アナルＳＥＸも重要。

4

巨乳、巨尻を見たらまずは疑え。
ニセ巨乳の見分け方は
谷間がＩ字（ナチュラル）かＹ字（シリコン）かで判断。

5

下の毛はつねに剃っておく。
これは礼儀でありマナー。フェラの時は丸腰で臨め！

6

日本人と違う肌の質感の違いを楽しめ。
白人はドライ。南米は粗い。黒人はしっとり。
アラブ人は一番アジア人に近いかも。

7

性癖もいろいろだからそこを見極めるとずいぶん楽しい付き合いになる。
SEX のあともラブラブで楽しめ。

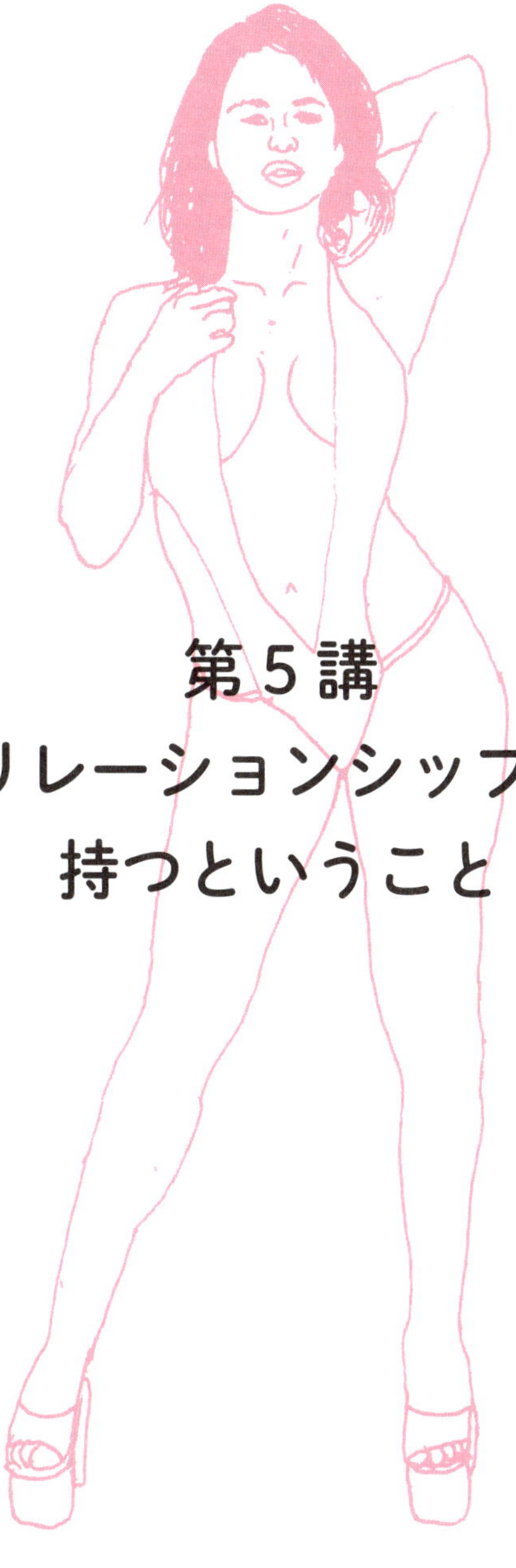

第５講
リレーションシップを持つということ

○ふたりで作る「人」という字

デートをする時。

まあ、デート自体は普通に日本人も外人も同じだと思うんだ。食事に行ったり、ショッピングに行ったり、映画を観たり。それで、外人女性の場合、例えば家で映画を観ようってなった時、TSUTAYAにでも行ってDVDをレンタルしてこようってなる。その時にどのDVDを借りるのかを彼女にまかせていると、いきなり彼女に怒られてしまうのだ。

「リレーションシップを持つということは、あなたも一緒に選ばなくちゃいけないのよ！」

リレーションシップ……「男女の付き合い」という意味で使っているのだが、元々の意味は「人と人の関係」である。**リレーションシップっていうくらいだから、ふたりで作っていかなきゃいけないのだ。**

だから第1講で「共通の趣味を探れ」と書いたように、同じ趣味を持っている女性、同じ世界観を持っている女性を探さないとあとがつらくなってくるのだ。

そこはかなり重要。

日本人のように、女性が男に合わせるっていうのは一切ない。これは付き合いが長くなっても、結婚しても同じことだ。俺が自分勝手だったり、どこかやる気がなかったりすると、「あのね、リレーションシップっていうのはね……」って始まって、結局は怒られる。だから、こっちもリレーションシップを頑張らないといけない。

日々鍛錬なのだ。

だからと言って無理をしろということでもない。

例えば、なにも特別なことがない日曜日。友だちもつかまらないし、特に行きたいところもない時。

そんな時、外人の彼女は、「ちょっと代々木公園に行って、池の近くに陣取らない？　ワインボトルとプラスチックのカップを持って行って、ふたりでワインを飲みましょう」なんてことを言ってくる。

日本人の彼女だと、近所の公園に飲みに行こうって誘っても「エ～～ッ!?」ってなるよね。花見以外だとそういうのにはなかなか乗ってこない。「もっと洒落たところに行きたい」っていう感じだろうから。

だけど外人女性の場合、ポイントが違うのだ。

重要なのは「どこに行くのか」ではない。「どう楽しめるのか」なのだ。

ちょっとしたことで喜ぶ方法を覚えれば、けっこううまくいく。

見栄を張らないほうがいい。見栄を張るとバレるから。**等身大で楽しいことをやるコツを覚えたら楽しくなってくるし、リレーションシップがうまく回り始める。**とにかく大切なのはノリの良さ。小さなことでもどんどん楽しく持っていく。あまり固くやっていると、つまんないヤツだと思われてしまうから。

そうそう。あと、日本人の場合、付き合ってしばらくすると、男が彼女をどこにも連れていかなくなる、とか、よくあるよね。あれは絶対にダメ！

人という字は互いに支え合って人となる。

金八先生のこの有名な言葉は、外人女性好きのキミにこそ必要な言葉だ。

リレーションシップ＝人という字。

いまからこの言葉は〝金髪〟先生の言葉として覚えておいてほしい。

○「大和魂」は絶対になくすな

いくら外人女性が好きだからといって、**自分の中身を外人そっくりに変えてしまうのは大間違いだ。**

よくカリフォルニアあたりにいる、アメリカ人になりきってしまっている日本人とか見るとカッコ悪いと思うでしょ。根っこのない、ただ単に軽いだけのヤツに見えてしまうから。

自分は日本人なんだっていう「大和魂」は絶対になくしちゃダメだ！

日本人であることのプライド。これは大切だ。相手の女性に自分のことを合わせても、自分のアイデンティティまで変えてはいけない。**あくまでも「日本人」として、海外の女性に勝負を挑むのだ。**

やっぱり大和魂の良さは○○○**を誇りに思うところ**かな。いや、これは半分冗談で、半分事実。外人男性の大きなサイズに対してコンプレックスを抱かないほうがいい。Size doesn't matter（サイズが問題なのではない）っていうのは事実なんだから。それに、**日本人ならではの男らしさ**っていうのを、相手の女性も見てくる。それは無骨とももまた違う、強さと優しさとでもいうのだろうか。

日本人ならではの美徳っていうのはいろいろあると思う。

誇り高さ。誠実さ。繊細さ。協調性。謙虚さ。清潔さ。勤勉。敬意。和の精神。思いやり。

当てはまるものもあれば、当てはまらないものもあるだろう。

特に、**相手に対する気遣い。**

これは日本人が基本的に持っているものだと思うね。ＴＰＯとも言うよね。つまり、時と所と場合に応じてうまく使いわけること。そういうのって、外人男性に比べて、日本人の男は繊細にできるからね。

あるいはこうも言うよね。

空気を読む。

そういう気遣いは日本人男性が得意とするところだから、やってあげたほうがいい。**そこがレディーファーストにつながれば最強。無敵になる。**

ちなみに、俺の場合、こんなことをよく言われた。

「こんな日本人、会ったことない」

「こいつ日本人なのにブットんでるな」

または「あ、こんな日本人いたんだ」

それぐらい言われると、すぐに仲良くなれることも事実だ。ただ、最初はほめ言葉だった言葉が、付き合いが長くなっていくうちにだんだんと悪口になっていくのも事実だ。

すべては陰と陽だし、長所が短所になることは多い。しかし、短所が長所になることはない。でもそのバランスを自分のなかに見つけながら、探求していけばいい。そこから自分なりの「大和魂」をなくさないで外人女性と付き合っていける方法を見つけられたら最高だ。

Zeebraも言ってる「不可能を可能にした日本人」。それこそが俺の目指すスタンスだったと思う。

俺が外人女性と付き合いたいっていうのは、たぶん自分が**日本人としてなんらかのコンプレックス**を持っていたからなんだと思う。日本にもともとなかった音楽やカルチャーを好きなわけだし、それで仕事をして、世界に出ていきたいと思ったわけだから。どこかに外人へのコンプレックスがあっただろうし、外人女性と付き合うことによって、ひとつずつコンプレックスを消していったのかもしれない。

自分は普通の日本人じゃない。**世界基準の日本人**なんだっていう意地もあったしね。

一度ロサンゼルスでアメリカ人の彼女を連れていた時、友だちというか、レジェンドの大先輩のロックスターにジェラられてこう言われたことがあった。

Good one is always taken.

（良い女はいつもだれかの女だな）

あの時はやったな！　って思ったね。

外人の男に、女のことで一目置かれるっていうのは大きいことなんだ。外人の男友だちの女よりもいい外人女性と付き合っていたら、ある意味レベルはクリアできるわけじゃん。

ほかにも、あとから聞くと、多くの外人の男友だちは、俺が一緒に連れている女性を見て、「あいつとは友だちになっとかなきゃ」って思ったみたいだしね。そういう時こそ、俺は自分を「不可能を可能にした日本人」だって思ってしまうな。まあ、ちょっとしたプライドをくすぐられただけなんだけどね。

○本当の優しさを身に付けろ

本当の優しさってなんだろう？

いままで書いてきたようなことを**単なる「テクニック」としてではなく、自分の心のなかから自然と湧き出た気持ちとして行動に出すことではないだろうか？**

これって本当に難しい。日本で生まれ育って、日本の家庭と学校で教育を受けてきた以上、ここのところが身に付いている人はほとんどいない。だからこそ、本当にその気持ちを自分で持って、行動で示して、そこに慣れていくしかない。

例えば、レディーファースト。

紳士たる男が連れの女性をエスコートする際のマナーである。これは我が国にはまったく根付いていない文化だ。もういまではさすがに「男尊女卑」なんていう考えはないとは思うけれど、ちょっと前まで「亭主関白」を良しとする風潮はあったし、男が女よりも上だっていう認識はいまも完全にはなくなっていないよね。少なくとも「男が女を引っ張っていくものだ」っていう考えの持ち主は多いと思う。

ハッキリ言おう。

レディーファーストの常識は徹底的に叩き込まないとアウト！

俺ですら自分でこれだけ叩き込んだと思っていても、いまだにそこができていないと女性に怒られるくらいなのだ。

レディーファーストを頭でわかっていても、行動でできていない時はしょっちゅうある。例えば、彼女の荷物をサッと持ってあげない時。彼女が言う前にやらないとダメなのだ。言われてからるのでは遅い。日本人のように、彼女に荷物を持たせるなんていうのはあり得ない。

そうそう。日本人って、奥さんが財布を握っていて、男の支払いをしたりするでしょ。あれも考えられないらしいよ。

あと、スーパーに行った時。なんの意識もしないまま、俺が小さい袋を持って、彼女が大きい袋を持って、それに気がつかなかった時。エレベーターで荷物の出し入れをしていて、タイミングが悪くて、俺が先に荷物を出したら閉まっちゃって、彼女に扉がぶつかった時。別に悪気があったわけではない。それでもスゴく怒られる。

こんな例はまだまだたくさんある。ドアを開けて彼女よりも先に出たり、彼女よりも先に廊下を歩いたり。お店に入って別々に行動するのもマズイ。

とにかく、つねに隣にいないといけない。もし少し前を歩いたとしても、つねに気を配らないといけない。めちゃくちゃ疲れるんだけど、気配りはつねにやってないと本当にアウトだ。この辺は自分に叩き込んでいるよ。

エスコートはつねにする

階段を歩く時も手を握る（特にヒールを履いている時）

エスコートをする時の彼女の手のポジションまで考える（彼女が持ちやすいところに手を出してあげないと怒るから）

洋服をかける時も、彼女のコートがかけてあったところにかける時に、彼女が手を上げなくてもいい位置からスッとかけられるようにしてあげる。ジャケットやコートを脱ぐ時、着る時もそう。ちゃんと持ってあげて、彼女がスッと脱いだり着たりできるようにしてあげる。**ヒールを履く時は肩を貸す。**要は彼女の動きを無駄にさせない配慮が必要なんだ。

そうそう、**彼女と歩幅を合わせるのもレディーファーストをやるうえでのコツだね。**そこができると、外人女性は100％喜ぶね。日本人女性にそこまでやると、やりすぎになっちゃうんだけど。まあこれも自分が選んだ道なんで仕方がない。彼女の変化を読み取らないと怒られるわけだ。

「なんでやんないのよ!?」

向こうからすれば常識。こっちからすれば意識して努力しないとできないもの。

この文化の違いは大きい。だからと言ってテクニックとしてレディーファーストを覚えたとしてもなかなか身には付かないものだ。

心から彼女を大切に思う気持ち。本当の優しさを身に付けてこそ、レディーファーストは自然と出てくるものだからだ。

「恋している相手のためなら、どんな苦労でも苦労とは感じない。むしろ楽しみながら喜んでやるものだ」（竹鶴政孝）

英国人女性を妻にしたニッカウヰスキーの創業者は、さすがよくわかってらっしゃる我々の大先輩である。

○家族とは仲良く

外人女性と付き合い始めてしばらくすると、家族との付き合いも始まる。

彼女の家族の存在は大きい。

いまは逆に日本人のほうが家族のつながりがなくなってきているよね。付き合っている時に彼女の親のところに行ったりしないし、自分もなかなか彼女を親に紹介したりしないでしょ。あるいは、結婚を前提にした時になってやっと親に紹介することになったりして。外人女性の場合、彼女の親と一緒にご飯を食べたりするのも普通なこと。家族でご飯っていうのは、日本人よりも多いかもしれない。**付き合いが進めば、女性の母国を訪ねていく機会も出てくる。**当然、家族を訪ねていくし、家族の食事会に招待されることになる。女性の母国に行くこと自体、ボーイフレンドとして認められて行くことになるわけだから。

オランダ人の彼女の時はアムステルダムに行った。そこでは両親だけはでなく、親戚の人たちも集まって、手料理で夕食会を開いてくれた。ちょっと変わった日本人のボーイフレンドだったから、おそらく好奇心もスゴくあったんだと思う。僕は料理を楽しむ暇がないくらい質問攻めにあった。

「おいしい料理をありがとうございます。こんな温かい家族に迎えていただき光栄です！」

日本人らしく丁寧に感謝の気持ちを言葉にしたつもりだったのだが、大爆笑されてしまった。

「おいしいだって？　ただの簡単な手料理だよ！」

「温かい家族だって？　うちは騒がしいだけのヤツらの集まりだよ」

照れもあったのだとは思う。彼らは僕の感謝の言葉を文字通り受け取らずに、ギャグにしてゲラゲラ笑っていた。ずいぶん日本の家族とは違うなとは思ったものの、どこかやっぱり温かくてうれしくなったものだ。

ハンガリー人の彼女の家族を訪ねた時も同じような感じだった。家族で車で迎えに来てくれて、勝手に観光案内をしてくれるんだけど、別にどうでもいいようなところを回って、ベタなギャグを交えて説明してくれるのだ。この時もどこかやっぱり温かくて、うれしくなったものだ。

アメリカ人の彼女の家族を訪ねた時は、姉夫婦のめんどう見が良くて、毎日いろんなところに連れて行ってくれた。俺も彼女もパンク好きだったのに、ヘヴィメタル好きの姉夫婦は俺にメタルを好きになってほしかったらしく、メタルバンドのライヴに連れて行ってもらったし、ずっとデスメタルを聴かされたあげく、帰る時はお気に入りのＣＤをプレゼントされたのもいまとなっては良い思い出となっている。

彼女の家族とは仲良くしたほうが良い。

彼女がどうやって育てられたのかを垣間見ることができるし、自分の知らない国で普通に生活している人たちの文化を見ることができる。彼女の家族に認められてその一員にしてもらうのもやけにうれしかったりする。そしてたまに、彼女と別れたあとも、なぜか彼女の家族との付き合いが続くこともあったりするのだ。

○ちっちゃいことは気にしない

家族だけではない。

外人女性と付き合っていくうちに登場するのが、**女友だちと男友だち**である。彼女との付き合いは、一対一の付き合いだけにはならないものだ。彼女の友だちの集まりに呼ばれもするし、その友だちも含めての付き合いが始まる。

友だちの友だちはみな友だちだ。

２０１４年に最終回を迎えたタモリの長寿番組「笑っていいとも！」の「テレフォンショッキング」はそういうコンセプトで始まった。彼女の友だちは自分の友だちでもある。だから仲良くするし、嫌われちゃいけない。

だけど女友だちには気をつけろ！

たまに意地悪な女友だちがいるのだ。彼女と俺との付き合いを良く思わない女友だち。

オーストラリア人の彼女の女友だちの場合、俺の家まで押しかけて来るようになった。俺のことを軽くからかって怒らせようという魂胆が見え見えだった。しかもなかなか帰ってくれない。あとでわかったのだが、彼女はバイセクシャルで、俺の彼女のことを好きだったのだ。

また、あるカナダ人の彼女の女友だちは、他人の悪口を言いふらすような女だった。俺の友だち何人かの彼女たちも含めて、外人女性ばかり４〜５人でよくつるんでいた。そこでいつも出る話は俺たちの悪口だった。俺がどこかの女と遊んでいたとかいう類の話。その女性とは本当に友だちで、俺の彼女とも知り合いだったから、浮気でもなんでもないのだが、そんな話を聞いてしまえば、俺の彼女にだって猜疑心は芽生えてくるものだ。そして、話はいつも「日本人の男はひどい」っていうオチになる。もちろん悪口である。そういう当の女友だちは日本人の夫がいながらもほかの男と浮気するような女だった。

まあ、つまりは彼女がそういうレベルの世界で生きていただけのことなのだが。

だけど、どんな女であろうと、友だちは友だちである。抹殺なんてできないし、否定もできない。

ちっちゃいことは気にしない。

ゆってぃからの教えである。

あと、彼女が紹介する女友だちがめちゃくちゃかわいい時がある。でも、どんなにかわいかったとしても、彼女の友だちと仲良くしようとはしないね。それは絶対にやっちゃいけないことだから。

一度だけ、彼女の女友だちA（仮にAとしよう）から、また別の女友だちBを紹介されたことがある。ちょうど彼女が一瞬母国に帰っていた時のことだった。浮気はしない信条だったが、その女友だちBがめちゃくちゃタイプだったから、ついSEXをしてしまった。それが女友だちAにバレて、彼女にはチクられなかったものの、ずっとその女友だちAに秘密を握られていたという苦い思い出がある。

そして、これまた**やっかいなのが、男友だちなのである。**

外人女性には男友だちってけっこういるのだ。日本よりも男女の間の友だち関係が普通だから、多いのは当たり前。そこに嫉妬したらダメなのだ。

男女の友情は成立しない。

そんな話がよく出るが、俺に言わせれば**ファックユー**である。しかも、さらに**平気で元カレとかも登場してくる**のだ。特にアメリカ人女性の場合、元カレが出て来る場面は多いかな。

どういう付き合いだったのか？　なんで別れたのか？　いまはどういう付き合いなのか？　あいつは

俺をどう見ているのか？　そんな疑問が次々と頭をよぎる。だけど、そんなことを気にしていたらキリがない。そこはふんぎりつけて、**「前はおまえのものだったけど、いまは俺のものだから」**って思うことが重要。

そこでこっちがたじろぐと、**前の彼氏が攻めてくる。**そこは自信を持って対応しないとダメなのだ。元カレが彼女と馴れ馴れしくしてくることもあるから、それは阻止するために、**先制攻撃をするしかない。**

そこはもう戦いだね。

カナダ人の彼女を訪ねてスノーボードに行った時、ゲレンデで元カレと合流して一緒にスノボをしたこともあったたな。正直、居心地は悪かった。その彼女はある時、酔った勢いで、俺の携帯から元カレ宛てに電話をかけてワン切りをしたこともあった。

逆にこんなこともあった。随分前の元カノが来日した時、夫も娘も一緒の来日だったのに、俺に会いに来た時は娘と一緒で夫はいなかった。夜も盛り上がって、クラブとか何軒かハシゴして朝まで遊んで、その時、一緒に撮ったツーショットをフェイスブックにアップしたりするのだ。

「旦那もいるのに大丈夫？」

だけど、これは日本人の感覚。外人感覚はけっこうドライなのだ。だから、**なるべく嫉妬心は隠しておくべきなのだ。**そう思って嫉妬心を頑張って隠していると、今度はこんなことを言われる。

「なんで嫉妬しないのよ？」

これもまた陰と陽なのであろう。

「嫉妬とは、愛の保証への要求である」（トルストイ）

あと、絶対に自分の元カノを会わせちゃダメだね。

向こうは元カレを会わせてくるんだけど、こっちは絶対元カノを出したらダメ。会話でも出したらダメ。

あるイベントでニュージーランド人の彼女と一緒だった時、いきなり元カノと鉢合わせになったことがある。元カノはけっこう馴れ馴れしく話しかけて来たもんだから、彼女はいきなり怒りモードになって、その日はイベント後もずっと怒りが収まらなかったね。

元カノは巨乳だったから、「あのおっぱい、ニセモノなんじゃない？」って、いきなりディスり始めて、「おっぱいは大きいけど、ケツがないわね」とまで言いだした。夜も一緒にベッドに入ったんだけど、キスしようとしたら、いきなり歯でブロックされてキスを阻まれた。
「なんでキスさせてくれないの？」って聞いたら、
Because I said so.
（だって私がそう言ったから）

えーっ!?　俺、別になにもしてないのに。ただ、元カノが現れただけなのに。
でも、そんなもんだよ。
俺の後輩は、彼女と一緒に家にいる時に、元カノが登場した。その元カノは日本人で英語がわからなかったから、そいつは彼女にこんな言い訳をしたのだった。

She's a fuckin' stoker.
（あれはただのストーカーだよ）
元カノが原因のトラブルは本当につまらない。もう、**そういう風にならない努力をしないといけないね。**

SUMMARY
リレーションシップを持つということ

1
「リレーションシップ」というぐらいだから、
ふたりで作っていかなきゃいけない。
重要なのは「どう楽しめるのか」

2
「大和魂」は絶対になくすな。
空気を読む気づかいが
レディーファーストにつながれば最強。

3
レディーファーストの常識は徹底的に叩き込まないとアウト。
そのためには本当の優しさを身に付けよ。

4
彼女の家族の存在は大きい。
仲良くしたほうが良い。

5
女友だち、男友だち、元カレが登場しても、
ちっちゃいことは気にしない。

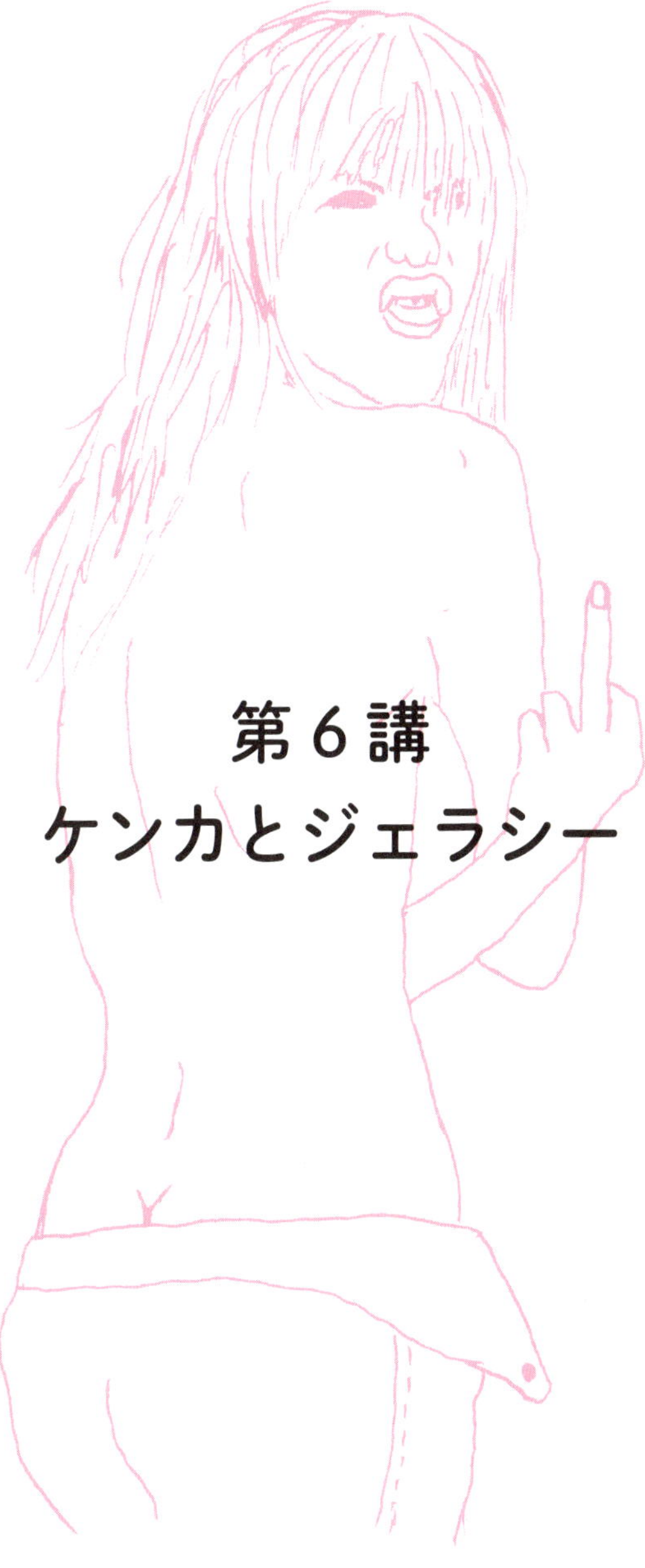

第6講
ケンカとジェラシー

○終わらないアーギュメント

日本人の男女のケンカの場合。
前の日にケンカしても、翌日、なんとなく許したりすることってあるよね。なあなあなままで。外人女性の場合、それは絶対にないと言っていい。

ケンカは解決するまで決して終わらない。

何時間経とうが、何日経とうが、解決しないケンカは終わらないのである。

俺がニューヨークにいた時、俺の男友だちは前の夜、アメリカ人の彼女と派手にケンカをした。何時間も終わらないケンカだった。男友だちは解決しないまま、彼女を家から追い出した。そして、翌朝。派手な爆発音で目が覚めると、彼女が怒って車を燃やしたのであった。

これはちょっと極端な例かもしれない。しかし、ケンカを解決しないままでいると、こういうことだって起こり得るのだ。

ではどうしたら良いのか？

日本語だと「ケンカ」と言うが、英語では**「アーギュメント（argument）」**と言う。

元々の意味は、議論、討論、口論。つまり単なる「ケンカ」ではないのだ。アーギュメントはビジネスの時にも使う言葉である。つまり、議論や意見をお互いに出し合って、最良の結果を出すために、焦点を定めて精査していく作業である。相手の議論を否定するようなケンカではないのだ。

つまり、アーギュメントである以上、最良の結果を出すために、徹底的に話し合う必要があるということだ。だから、そこから逃げてもいけないし、ケンカを売りっぱなしでもいけない。

アーギュメントが始まり、解決できなかったある時。もう夜だし、眠いから謝っちゃおうと思って謝ったこともある。そうすると「だからいけないのよ！」って、逆ギレして怒られた。**謝ることすら許されないのだ。**

「あんたはそうやっていつも逃げている」

そう言われるのだ。

それでますます解決するのが難しくなる。これが何日も何日も終わらない時がある。こんなにつらい状況ってあるのだろうか？　初めの頃は本当にそう思った。今後どうしていくのかをきちんと話すしかない。そのうえで、本当に謝るのであれば謝る。**「解決」しない限り、向こうは許してくれないのだ。**

外人女性は、どこの国の女性であっても、基本、感情の起伏がスゴく激しい。日本人のメンタリティとはまったく違う。そこにいかに自分が対応できるのか。そういう精神力も必要となってくるのだ。

外人女性の辞書に「我慢」という文字はないのだ。

○ほかの女に対するジェラシー

ケンカになる原因は大体、ほかの女だね。些細なことでケンカになるから。

彼女と一緒にいて一瞬、ほかの女に目を向けたとする。これは間違いなく怒られるね。

「なんで見てるの!?」

だから、もう**ほかの女の子のことは極力見ないようにする**しかない。マズいのは、知り合いの女性が俺のことを見つけて、「ヘイ、○○！」とか言ってこっちに来て、ハグまでするような時だね。単なる知り合いなのに怒られる。だから、そういうのが来ないようにするしかない。**問題を起こさないように回避するのが一番。**

それでも自分でイベントを主催した時とか、やっぱり知り合いの女性は来てしまうよね。それこそ仕事関係の打ち上げにしても、だれかの誕生会にしてもそうなんだけど。そういう時はどうするか？

彼女を隣にベッタリ置く。

さすがに彼女が隣にベッタリいると向こうも来ないから。そうやって回避するしかない。

◯ 浮気は裏切り

浮気とはなにか？

日本では文字通り「浮ついた気持ち」であり、「まあ本気というわけじゃなくて、ちょっと出来心で」なんて感じで言い訳をしちゃうような気持ちであろう。しかし、英語で浮気は「cheat」と言う。本来の意味だと「だます」ということである。**英語で言う「浮気」とは、浮ついた気持ちなんかではなく、本気で相手をだます行為なのである。**この価値観の違いはしっかりと頭に叩き込んでおいてほしい。

日本では「浮気は男の甲斐性」なんて言ったりもするけれど、海外では単なる「裏切り行為」なのである。だから、外人女性とリレーションシップを持った以上、**ほかの女性との男女の付き合いは100％NG**となる。

これって、ビジネスに置き換えてみれば簡単に理解できるんじゃないかな。

自分がある会社と専属契約を結んだ場合、ほかの会社と仕事をしたら契約違反になるよね。それと同じようなこと。結婚していればなおのこと、法的責任も絡んでくる。つまりは損害賠償とか慰謝料が発生するようなことなのだ。

俺の友だちでも、ほかの外人女性との浮気が奥さんにバレた男がいる。彼の奥さんは包丁を持って彼に迫って来た。そんな時、彼にできた対応とは？

謝って金で解決することしか残されていなかったのである。

「許してください。もう僕はあなたと一緒にいることができません。つきましては、これだけお支払いしますからお願いします」

彼はそう言って６００万円を払って離婚した。

浮気は高くつく。

「愛することは高くつくかもしれないが、愛さないことはいつももっと高くつく。」

カナダの作家・ジャーナリスト、マール・シェインの言葉だ。

◯カフカの世界にようこそ

ある朝、目覚めると男は巨大な虫になっていた。
フランツ・カフカの書いた小説「変身」は不条理な世界の話である。頭で考えても理解できないこと。
そんなカフカの世界に自分が紛れ込んでいたことに気づくことがある。

外人女性は不条理なことばかり言う。

合理主義の西欧の文化圏で育ったにも関わらずである。
もちろん日本人女性だって不条理なことは言う。ただ外人女性の場合、**言い方がストレートすぎて頭に来る**のだ。ホント、外人女性は人を怒らせるのがうまいんじゃないか。人の気持ちなんて考えてないだろうって思うくらいだ。

「人の気持ちを考えてよ！」

外人女性はよく言う。だけど、そういう割に男の気持ちなんてまったく考えていないのだ。**理由のない怒り、理由のない苛立ち**に出くわすこともよくある。彼女は意味もなく怒っているのだ。しかも、怒っているばかりでその理由をひと言も話してくれない。「ほかの女に対するジェラシー」で、ほかの女性を見ただけで怒られると書いた。だけど、別にほかの女性を見てもいないのに、「見てたでしょ！」って怒られることがある。これはもう勘ぐりだけなんだけどね。

でも、不条理なことを言われるとこっちだってカーッとなるじゃない？

そうなるとお互いヒートアップしていくだけだから、そこは抑えて、彼女をなだめるしかない。もう、とにかくなだめるのみ。

あと、**生理中は不条理な怒りが多いね**。でもそういう時はしつこく言い訳をしたりせずに、「あ、そうだね。ゴメン」って言ったほうがいい。逆に彼女の言うことを受け入れて謝る。でも、受け入れて謝るだけだと、さらに俺のせいになって、事態が悪化する場合もある。

ただ、それで悪化する場合と、言い合いになって悪化する場合とでは、悪化する度合いが違うっていうのがある。**だから火は早めに消すのがいい。**

不条理な怒りはいろいろあるよ。

いつも通り帰ってきたのに、仕事が遅いと怒る。

朝起きて喉がガラガラになっているだけで怒る。

人で混みあっているだけで怒る。

魚臭いっていうだけで怒る。


キミならどうする?

俺にはなにも返せない。

そう。不条理な世界に入ってしまったら、もう受け入れるしかほかないのだ。虫に変身したザムザのように。ただもうありのままに。

レット・イット・ビー。

ポール・マッカートニーは俺に向けて歌っているのだろうか?

これはマリア様がくれた叡智の言葉なのだろうか?

○償いは愛情で

「ほかの女に対するジェラシー」で、自分でイベントを主催した時とか、トラブル回避のために「彼女を隣にベッタリ置く」と書いた。だから、極力彼女を仕事に持ち込みたくないんだよね。気が散るから。

でも外人の場合、仕事のパーティの時、奥さんは同伴なんだよ。

海外から仕事相手や友だちが来た時も、奥さん同伴じゃなくて自分ひとりで行ってしまうとマズい。

とにかく、「一緒に行こうよ」って言ったうえで、彼女が「行かない」と言えば、同伴はなし。でも、帰ってくると、「なんで連れてってくれなかったの?」って話に絶対なるから。そういう時は、「そうだね」って言ってなだめるしかない。「その代わり、明日どこか行こうよ」そのぐらいのフォローはしつつ。

それで、同伴して連れていった場合の話。

こっちが男同士で話している間に、俺が話している男の連れの女性なんかと勝手に仲良くなって話している女性と、全然ほかの人たちと仲良くしない女性の2パターンがあるんだ。これは難しいね。これも火消しをするしかない。

一番マズいのは、どこかに行ったことが、自分が言う前に彼女の耳に入ってしまうこと。

これは本当にアウト。

トラブルは起きてしまったらもうしょうがない。だから、トラブルになった時、どうするのかが重要だ。

償いをモノでしようと思ってはいけない。償いは愛情でするものだから。日本人のようにモノで解決する感覚はないから。愛情で償ったあとなら、モノで償ってもいい。だけど、この順番は間違えたらアウト。

償いはモノでしてはアウト。償いは愛情で。

お花を買っていくのもいいアイデアだね。お菓子なんかもいい。

ただ、お菓子はたまに怒られる。「ダイエット中なのに!!」って。機嫌が悪いとそう来るからね。せっかく良かれと思ってやったことを、思いっきり「NO!」とか言われるとせつないでしょ。

だから、**モノよりも愛情**。

とは言え、見せかけの愛情と本物の愛情を彼女たちは鋭く察するよ。すぐに「Hey you!」って来るしね。

サクッとやりつつもベッタリ解決しないといけない。そのさじ加減がポイントだね。

○議論に対応できる知識

外人女性に限らず、外人は議論好きな人間が多い。テーマはさまざまだ。

好きな音楽、好きな映画、好きな食べ物、アートの話、読んだ本の話、地元の話、友だちの話、酒にまつわる逸話、旅の話、文化の違い、自国の政治、国際情勢、宗教の話、戦争の話、選挙の話、支配層の話、陰謀論、スピリチュアルな話などなど。

およそ日本人がふだんの会話では話さないようなマジな話とかディープな話、教養の話とか当たり前のようにするのである。ふたりっきりの時もまあ、あるんだけれど、何人も集まった時にこういう話で大いに議論となる。

そこでなにも発言できないっていうのはけっこう気まずい。

アメリカ人の彼女の場合、第二次世界大戦の話やいまの日本の総理大臣と自民党の話になった。

ロシア人の彼女の場合は、神の話になった。日本人にはなぜ無神論者が多いのかと思いっきり質問されて、みんなが俺の答えをじっと待っていた。

イスラエル人の彼女の場合、休日になるとよくイスラエル人同士で集まって、政治の話になった。政治の話と言えば中東情勢のことである。「おまえはどちらを支持するんだ?」。迂闊なことは決して言えない状況に立たされたこともある。

基本、みんな話好きなのだ。

文化や政治の話をみんなですることも好きだし、自分の意見を言いたい人たちばかりなのだ。おそらくいまの日本人のほうが文化や政治に無関心なのかもしれない。それが外人女性との付き合いでいつも思い知らされることだ。もちろんいまあげた例は少し極端な例かもしれない。だけどそれでもやっぱり、こういう話をみんなでする場面はけっこう出てくるものだ。

だからそこに対応できる知識は必要。

さらに自分の見解を持つことも必要。

まあ、あくまでも人間同士の付き合いなので、そこで求められることにはできるだけ応えられるようにしたほうがいい。

「論争に応ずる場合には、双方にとっていちばん不愉快なやり口は、立腹して黙っていることである」

（ニーチェ）

黙っていることだけは避けよう。

○中南米特殊事情

普通の日本人にとって、白人と中南米ラテン系との区別はつくだろうか？　パッと見の外見は似ているかもしれない。しかし、両者は似て非なるものなのである。

中南米ラテン系とは、白人（主にスペイン系、ポルトガル系）と先住民のインディオ、アフリカ出身の黒人、この三者が歴史を経てさまざまにミックスしたりしなかったりという人々である。

この中南米ラテン系に関する特殊事情にも触れてみたい。なお、これはあくまでも俺と仲間が経験したことに基づいて話すことなので、いかなる人種・民族の偏見とは無縁であることを先に断っておきたい。

中南米の女性は軽いんだけれど、付き合ったあとが大変。パッションがスゴいのだ。

基本、「愛してるよ」は、ずっと言ってなきゃいけない。

テ キエロ。

テ アモ。

まだまだある。

テ アモ コン トド ミ コラソン（心から愛してる）

ムエロ デ アモール ポル ティ（死ぬほど愛してる）

エレス アモール デ ミ ヴィダ（おまえが俺の人生で一番愛する女だ）

ノ プエド ヴィヴィール シン ティ（おまえなしでは生きていけない）
エストイ ロコ ポル ティ（おまえに夢中だ）
テ デセオ（おまえがほしい）
エレス ミ アルマ ヘメラ（おまえは俺のもうひとつの魂だ）
テ アモレ ポル シエンプレ（おまえを永遠に愛するよ）

中南米の女性はノリが良い。ノリが良いからすぐに付き合うことになったりする。だけど、ノリが良いということは、**振り幅が大きい**ということでもある。だから、その反対もスゴいということになる。

俺の彼女たち（複数）もスゴかった。**モノは壊すし、家で大暴れする。花瓶で頭を叩かれたこともある。**みんなでクラブに行って楽しかったのか、ひと一倍大騒ぎして、あげくの果てにフロアで鍵をなくして、さらに大騒ぎして、バウンサーに連れ去られたこともある。俺の職場に来て、俺を誘惑したあげく、勝手に騒いで、勝手に携帯電話をなくして泣きわめいたこともある。

やっぱりラテンの血なのだろうか。もちろん個人差はあるんだろうけれど、俺の彼女たちは全員がスゴかった。

あと、**ジェラシーがハンパない。** とにかくヤキモチ焼きで、すぐに嫉妬する。
例えば、俺がほかの女性をチラッと見たとする。ほんの一瞬のチラ見だ。

バチーーーーン!!

それだけで思いっきり引っ叩かれる。植木鉢が飛んできたこともある。俺に気があったらしいほかの女を、俺の目の前で思いっきりブッ飛ばしたこともある。近くにあった開店祝いの花束をスタンドから引っこ抜いて思いっきり叩きつけながら。しかも、その時に吐いたセリフがスゴかった。
それは彼女が唯一覚えている日本語だった。

コンニャロ!!

「コノヤロウ」ではなく「コンニャロ」なのである。
そのうえ、**すぐに泣く。** 怒りまくったあと、今度は俺のことを延々と攻めながら大声で泣きわめくのだ。

そして、**大家族。**

第５講で家族の話を書いたが、中南米の女性の家族の場合、大家族が多い。同郷の出身者や友だちまでもが家族のような感覚だ。だから気づくとすぐに大人数で集まっていたりする。これってもしかしたら、昔の日本もそうだったのかもしれない。ほら、田舎のある人って田舎に帰ると親戚一同で集まったりするでしょ？　あんな感じがするのだ。世話好きなおばさんもいるし、酔っ払いのおじいちゃんもいる。そういう目で見てみると、中南米の彼女が地元の元ヤンの女の子みたいに見えてくるから不思議だ。

初心者だったら、中南米の女性から始めるのはオススメだ！

まず、日本人の男が好きな女性が多い。だから付き合いやすい。肌の色が白くないっていうところも一緒だ。だからアウェイ感は白人女性よりは少ないと思う。そのうえ、日本には中南米の女性が多く住んでいることもポイントだ。東京などの都市部以外にも多いのもいい。

ここまで、中南米の女性の大変さばかり書いたかもしれない。

それでも中南米の女性は最高だ。

激しい分、喜怒哀楽の振り幅も大きいのだ。

いまから外人女性と付き合うという大きな旅に出て行こうというキミのことだ。最初から大きな船に乗って旅の楽しさを大いに味わうのも良いではないだろうか⁉

「大きな旅立ちというものは、
書物の、第一行の文章のように、重要なものなんだ。
その一行が、この一瞬が、すべてを決定づけるんだ」（トーベ・ヤンソン）

SUMMARY
ケンカとジェラシー

1

ケンカ＝アーギュメントである。
今後どうしていくのかをきちんと話したうえで、
「解決」しない限り、向こうは許してくれない。

2

ケンカの原因は、大体ほかの女に対するジェラシー。
問題を起こさないように回避するのが一番。

3

浮気＝ cheat、本気で相手をだます行為。
ほかの女性との男女の付き合いは 100% ＮＧ。
そして、浮気は高くつく。

4

カフカの世界のごとく、
外人女性は不条理なことばかり言ってくる。
早く火を消せ。
もう受け入れるしかほかない。

第７講
結婚

○結婚だけは人それぞれ

結婚だけは人それぞれだ。

ここに正解は存在しないことを先にハッキリ言っておきたい。そこは外人も日本人も同じことだ。

外人と日本人とでは、肌の質感が違う、メンタリティが違うとかさんざん言ってきたのだが、男と女の関係というものは、最終的には外人であろうが日本人であろうが大きな違いはない。それを踏まえて言えるのは、**外人のほうがハードルが高い部分っていうのは、つまり、相手の女性の国の文化を尊重するという部分があるからなのだ。**

外人と結婚して一番大変なところはなんだろう？　日本人との違いは？

例えば、付き合っている頃ってけっこう頑張るでしょ？　前にも話したことをもう一度復習しよう。

ほめること

愛していると伝えること

笑わせること
ふたりで作るリレーションシップ
本当の優しさを身に付ける
家族とは仲良く
ちっちゃいことは気にしない
アーギュメントは必ず解決する
浮気は絶対にしない

これ、実はずっと続けていかなきゃいけないのである。結婚したからって変わることはなにひとつないのである。そう、なにひとつ。日本人夫婦のようになあなあになることはまずないと言っていい。「亭主元気で留守がいい」なんてことは絶対にあり得ないと思っていい。

「幸福な結婚というものは、婚約のときから死ぬまで、決して退屈しない長い会話のようなものである」（モーロア）

結婚をすると、さらにここにもうひとつ加わることになる。

レスポンシビリティを持つ。

レスポンシビリティ（responsibility）……つまり、相手に対して責任を持つこと、相手に対して義務を果たすことである。これはつねに求められると思っていい。

「あんた、子育てのレスポンシビリティは？」

こんなことをしょっちゅう言われるのだ。「エッ、俺、これだけ一生懸命やっているのに？」って思っていても、言い訳なんてできない。**子育てのレスポンシビリティは夫婦で等分なのだ。**

「あたしとのリレーションシップのレスポンシビリティは？」

仕事が忙しいなか、なにとか時間を割いて、妻、家庭、子どものことを頑張ってやりくりしていても言われるのだ。仕事が忙しいなんてことはまったく理由にはならない。

「私との関係は別でしょ」

そういうことなのだ。**仕事は仕事。結婚生活は結婚生活。これはまったくの別モノなのだ。**

○セックスレスは問題外

最近よく日本人の女友だち、後輩の女の子たちから相談を受けることがある。

セックスレスの悩みだ。

彼氏、夫がＳＥＸをしてくれないというのだ。一方、男のほうからすれば、ＳＥＸをするのは付き合い始めてしばらくのうちで、付き合いが長ければ長いほど、ＳＥＸの回数は減っていくのが当たり前になっていたりもする。

「彼女のことは愛しているよ。だけど愛＝ＳＥＸっていうわけじゃない。もっと深い〝情〟みたいなものがあるからなあ」。そんなことを言う男が多い。

「俺は家庭を背負っているからね。仕事も大変なわけよ。疲れて帰ってＳＥＸなんてできないな。俺が背負っているものはもっと大きなものだから」。結婚して子どももいる男はこんなことを言っていた。

そんな男どもに俺は言いたい。

ダメオトコ!!

「細胞レベルで奥さんと恋してる？」と、ブルゾンちえみに突っ込みを入れてもらいたい。多くの日本人男性はなんとSEXを軽視しているのであろうか？

女性にとっては、**愛＝SEX**なのだ。

SEXは夫婦のコミュニケーションである。

SEXこそが愛の深さを測るバロメーターだと言っていい。


1日1回のオーガズムで、医者いらず。

1920年代～1930年代の女優でアメリカのセックスシンボルと呼ばれたメイ・ウェストの言葉だ。SEXがうまくいけば大筋うまくいくと言っていい。

だから、SEXをしないなんて、海外ではあり得ないこと。

それは、**男としてのレスポンシビリティをまったく果たしていない**ことになる。

アメリカでは、セックスが1年10回を下回る夫婦をセックスレスとしているという。セックスレスを争点とした裁判が行われるほどで、これは離婚事由にもなるのだ。外人の場合、夫婦のベッドに子どもを入れることもないほどで、それだけSEXは夫婦にとってマストなコミュニケーションツールなのである。家庭生活の権威であるポール・ポピノー博士によると、結婚の失敗の第１位は「性生活の不調和」なのである。

SEXはずっとやり続ける。そこんとこは腹をくくってほしい。

では、**SEXをずっと長くやり続けるコツ**はあるのか？

それはもう**最初に自分の好みの女性を見つける**しかない。女性のことはSEXのパートナーとして見て付き合わないといけないね。

だって、なぜキミは外人女性と付き合いたいのか？夢を叶えるためでしょ？　ドリームズカムトゥルーをモノにするためでしょ？　その夢を探すためには日々鍛錬して、世界征服を目指していってほしい。

ローマは一日にしてならず。

外専は一日にしてならず、なのである。

○悔しすぎる時

外人女性は本当に強い。手ごわい。**感情を100%ぶつけてくるのだ。**

俺の弱点、おなじみのものも、新しく見つけたものも、そこをガンガン突いて攻撃してくる。

「ああ、俺にはこんなに突っ込みどころがたくさんあるんだ……」

いや、ホント勉強になります！　いや、そんなことを言っている暇がないくらい、こっちの弱点の穴にどんどん突っ込んでくる。突っ込まれて、突っ込まれて、もう守りきれなくなった時。なにが起こるのか。

人格崩壊。

いままで自分が人生で築き上げてきた人格。自分が今まで大切にしてきた価値観。俺という男。俺という生きざま。俺のプライド。それがガラガラと音を立てる暇もなく、一瞬にして崩壊していくのだ。

まるで一瞬にして爆破されたかのように。

「そこまで言わなくてもいいだろ！」

なんどそう思わされたことか。悔しすぎて収まらない時だってなんどもある。悔しすぎて、家の外に飛び出して、気がつけばひとり、金属バットを持って夢中になって素振りをしていたことだってある。しかも、彼女が言ったことがまた間違っていないから、余計に悔しい。

いや、こっちが「間違っていない」と思っていること自体、もしかたら間違っているのかもしれない。そんな考えがさらに裏をかいて出てくることもある。

「俺は間違っているのかもしれない。俺は正しいのかもしれない。怒りはエネルギーなのだ」

俺はジョニー・ロットンことジョン・ライドンのように、怒りをエネルギーに変えることはできない。それでもやっぱり**彼女のほうが絶対に間違っていると思う時**がある。でも、それもしょうがないと思うしかないのだ。**それを彼女に言ったからといって、こっちが得するようなことはひとつもない。**決して女性が強いというわけではないのだ。**日本人の根底にある、男が女よりも上だっていう認識を捨て去らなきゃいけないのだ。**

「だれかに認めてもらうことが人生の目的じゃない」

マドンナはそう言っているのだが、実際、外人女性はみんなそう思っているのかもしれない。

○彼女は一生お姫様

彼女は一生お姫様だと思うこと。そう思えないようであれば結婚してはいけない。

ほめること
愛していると伝えること
笑わせること
ふたりで作るリレーションシップ
本当の優しさを身に付ける
家族とは仲良く
ちっちゃいことは気にしない

アーギュメントは必ず解決する
浮気は絶対にしない
レスポンシビリティを持つ
ずっとSEXを欠かさない
つねにレディーファースト

これを一生続けることができるだろうか？
死ぬまでお姫様として扱うことができるだろうか？

だから、結婚をするかどうかっていうのは、人生のなかで本当に大きな決意となる。

本当に、どこかひとつでもいい。

「うわあ、スゲエ好き！」

そう思えるものがひとつでもある女性じゃない限り、絶対に結婚しないほうがいい。

例えば、俺だったら、顔の好みとＳＥＸかもしれない。ここは人によって価値観が違うはずだ。「この女のネコみたいなところが最高だ」でもいい。「この女のこの考え方がスゴい好き」でもいい。なにかしらひとつでもそういうのがないと、結婚生活で自ら崩壊を招く結果となってしまう。

流れにはとことん乗っておけ。

第４講ではそう書いた。しかしこれは結婚には当てはまらない。**流れに乗って結婚してはいけない。**結婚に関してはそういうことだ。

「愛する女と一緒に日を送るよりは、愛する女のために死ぬほうがたやすい」（バイロン）

外人女性と結婚したかったら、**とりあえず10人くらい付き合ってみることをオススメする。**それでも結婚したい女性が現れるのであれば、結婚に踏みきってみるのも良い。あとで後悔しないためにも……。

○それでも外人女性と結婚して良かった

それでもなお、外人女性との結婚は、**努力をした分だけ大きな喜びも待っている。**

結婚したいまも俺は彼女とＳＥＸをたっぷり楽しんでいる。いまでも一緒にベッドで寝るし、ＳＥＸをしたあとに大きなお尻を触りながら寝ると良い夢を見るんだ。

良いこともあれば、悪いこともある。これは何度も話してきたことなんだけど、**マジで陰と陽なのだ。**

あと、**意外と男のことを立ててくれるのには驚かされるよ。**

よく日本人の妻って、結婚して10年も経つと、「うちの旦那はねえ……」とか言って、旦那をディスることがあるよね。それは一度も聞いたことがないんだ。

I'm proud of you.
（あなたを誇りに思うわ）

そんなことを言ってくれるのである。

そこは完全に日本人とのメンタリティの違いだと思う。日本人女性から「私の夫を誇りに思うわ」なんて聞いたことがないもん。その代わり、「I'm proud of you」っていう言葉がなくなった時点で離婚になるんだろうね。**俺としては、外で夫のことをディスるような女性よりも、思いっきりケンカしても解決すればスッキリする女性のほうが好きだ。**

ふたりでケンカしている時を除けば、**外では誇り高きボーイフレンドや夫**だったりするからだ。だから、彼女の家族からも、彼女の友だちからも良いことを言われる。日本人の男としては、そこはちょっとくすぐったいような気持ちになるのだが、彼女がそう言ってくれているのだと思うと胸が熱くなる。

また、すぐにSEXもしたくなる。そこも踏まえて結婚するのであれば、外人女性は最高である。

「女房が世界で一番!!」

俺はこれを毎日言い続けているよ。

SUMMARY
結婚

1

レスポンシビリティを持つ＝相手に対して責任を持つ、
相手に対して義務を果たすこと。
仕事と結婚生活は全くの別モノであることを肝に命じよ。

2

セックスレスは問題外。
男としてのレスポンシビリティをまったく果たしていないことになる。
ＳＥＸはずっとやり続けよ。

3

外人女性は男の弱点をガンガン突いて攻撃して来る。
日本人特有の男が女よりも上だっていう認識を捨て去れ。

4

彼女は一生お姫様だと思うこと。
そう思えないようであれば結婚してはいけない。

5

結婚してから一生続けることのリスト。
□ほめること □愛していると伝えること □笑わせること
□ふたりで作るリレーションシップ □本当の優しさを身に付ける
□家族とは仲良く □ちっちゃいことは気にしない
□アーギュメントは必ず解決する □浮気は絶対にしない
□レスポンシビリティを持つ □ずっとＳＥＸを欠かさない
□つねにレディーファースト

6

外人女性との結婚は、努力をした分だけ大きな喜びも待っている。
「女房が世界で一番 !!」と毎日言い続けられれば最高。

［部外講義］　外人女性の各国事情

世界にはいろんな国がある。そこについての話もしておこう。

北米、中南米、ヨーロッパ、オセアニア……いろんな国があるんだけれど、どこの国の女性が良いのだろう？

いまから話すことは完全に俺の独断と偏見に基づくことだと思って読んでほしい。そしてここでも、いかなる人種・民族の偏見とは無縁であることを先に断っておきたい。

ハンガリーが最高！

ハンガリー人の女性は見た目もめちゃくちゃ美しいし、男を立てるし、スゴく優しい。強さを見せないんだよね。母性本能が強いのかな。面倒見もめちゃくちゃいいね。

俺は世界中回ったんだけど、ハンガリー人女性が一番だと思う。背の高いブロンドもいれば、ちょっと小柄な黒髪の女性もいるし、生意気そうなルックスもあれば、癒し系のルックスもある。見た目のバリエーションもかなり豊かなのだ。全タイプいると言っていい。ハンガリーっていうのは、ヨーロッパの東と西が混ざっているところだからかもしれないね。ジプシー系だっているし。そもそもハンガリーの民族であるマジャール人はアジア系だって言われているんだよね。名前も日本と同じで、姓名が先に来るしね。

第1講で、世界最高峰の風俗「ＦＫＫ」について書いた。ここには各国の美女が揃っているとも書いた。そして、ここでもやっぱりハンガリー人が一番情に厚くて優しかったのだ。逆に、ロシア、チェコスロバキア、ルーマニアは完全にビジネスライクだった。

いま一度言おう。最短コースの中でも一番の最短コース。

ＦＫＫのような風俗へ遊びに行って、ハンガリー人を探せ！

そして、もうひとつの最短コース。

ハンガリー語を勉強して、ある程度しゃべれるようになったら、ハンガリーに行け！

俺はハンガリーにはなんども行った。日本にもハンガリーにもハンガリー人の彼女がいた。どのハンガリー人の女性もみな優しかった。ハンガリー人女性は母性も強いね。「女」を思い切り出してくるから。それは東ヨーロッパ全般に言えることなんだけど。西側諸国は男と同等だからね。一人ひとりが自立している。だけど東ヨーロッパは家族が大切。逆に日本が今は西側諸国みたいになってしまったね。

日本人は東ヨーロッパの女性と付き合うのがいいのかもしれない。

ハンガリーには良い思い出しかない。

夏に行ったら、女の子がかわいいから目移りしてもう大変なのだ。夜になると、女の子がビッチみたいな格好して通りを歩いているのもヤバいね。ボディコンみたいなドレスを着て夜遊びに出かけるんだ。

1週間野外で行われるオゾラ・フェスティバルも楽しかった。バラトン湖での海水浴も楽しかった。ハンガリーは温泉天国だから、ブタペストでの温泉の中でDJを入れたチルアウト系のイベントもあって、これも楽しかった。ワインが有名だから、ワインセラーにも行った。甘美な風味の貴腐ワインを食前酒として飲み、ディナーでいただいたパプリカを使った煮込みスープのグヤーシュ・スープも優しい味わいだった。パプリカの味付けもクセになる。フォアグラも最高。肉も野菜もめちゃくちゃおいしい。

男も人のいいヤツが多いね。あまりカッコいい男もいないから、ライバルが少ない感じもいい。

それに太っていても気にならない。逆に「男は太っていたほうがいい」「腹が出てないとダメ」って言われたくらいだから。

あと、ロシアもオススメだね。ただ気をつけたいのは、水商売の女性は100％ビジネスライクだということ。だけどそこを除けば、世界でもトップクラスの美女がいるし、素直で優しく、男を立ててくれる。

サンクト・ペテルブルグにも行ったんだけれど、あれほど美女の多い街は見たことがない。普通にカフェに行っても、クラブに行っても、日本だったらモデルになれるようなレベルの美女揃い。しかもひと昔前と違って、いまのロシア人は日本のファッションやカルチャーが大好きで、日本びいきも多い。英語も話すので、コミュニケーションも問題ないのだ。

スウェーデン人の女性もけっこう情が厚かったかな。ポーランド人も優しかった。チェコ人はけっこう生意気でギャルっぽかったな。ノルウェー人は文学的で冷静なんだけど気の優しい女性だった。

アメリカ人は世界中の女で一番わがままだと思う。ハンパなく楽しい時もあるんだけれど、ハンパなく悔しい思いもさせられた。

ロサンゼルスに彼女を訪ねて行った時も、彼女が仕事で忙しいって言うもんだから、毎日ゴルフで暇つぶしをしていたら、家からゴルフをバッグごと外に投げられて、「私に会いに来たんじゃないのーー!!」ってスゴくブチ切れられたことがある。「だって仕事で忙しいって言うから俺、ゴルフしてたんじゃん」。そんな言い訳は通用するわけもなかった。

カナダ人はノリの良さはアメリカ人と変わらないんだけれど、そんなにわがままじゃない。ワンクッション入っている感じだ。音楽、ファッション、スポーツとか、日本やアメリカと流行っているものがほぼ同じなので、話も合う。フランス系も多いので、かわいい女性が多い。

オーストラリア人もけっこうカナダ人の感じに近いかな。英語はちょっとアクセントが強くて、最初はよくわからなかったけれど。サーフィン好きならオーストラリア人の彼女を作って、冬にサーフィンに行くという楽しみもある。

ニュージーランド人はそこからさらに素朴なんだけど、気性は荒いかな。スノーボード好きならニュージーランド人の彼女を作って、夏にスノボに行くという楽しみもある。

イギリス人は地元のおねえちゃんみたいな感じで親しみやすかったな。でも、第2講の「ほめ殺しのライセンス」でも書いたんだけど、男性と同等レベル、みたいな気持ちを持っている。

イスラエル人はプライドも高く、頭の良い女性だったから、しょっちゅうアーギュメントになった。

レバノン人の女性はセクシーでお尻カルチャーの体現者だった。ノリが良くて楽しい女性だったけれど、スゴくわがままでジェラシーもハンパなかった。

中南米に関しては、第4講の「中南米特殊事情」を見てほしい。そこで話し忘れたことがあるんだけれど、中南米諸国の中で、アルゼンチンだけはちょっと異色だった。中南米のほとんどがスペイン系で、ブラジルのみポルトガル系という中、アルゼンチンにはイタリア系が多い。俺の彼女もイタリア系だった。陽気なんだけど涙もろく、ジェラシーがスゴかった。情に熱い良い女だった。

以上、簡単ではあるが、独断と偏見の各国事情をお伝えした。

あとはキミの足で稼いで経験を積んでいってほしい。

俺がつね日頃、言っていることがある。

これは「はじめに」でも書いたのだが、日本人女性としか付き合わないっていうのは、日本食しか食べないのと同じくらいつまらないということなのだ。

世界中の数ある美食の中での日本食。それと同じくらい、世界中の女性の中での日本人女性は小さな存在だ。もちろん日本食も日本人女性も、世界に誇るだけの素晴らしさはある。だけど、それしか知らないのはなんとももったいないことであろうか。もっといろんな食事、もっといろんな女性を知ったらどれだけ人生は豊かになるだろうか。

ブルゾンちえみではないが、キミにズバリ聞きたい。

「地球上に女は何人いると思っているの？」

71億。

あと8千万人。

キミは一生日本食しか知らない男として生きていきたいのか？

「僕の前に道はない。僕の後ろに道はできる」（高村光太郎）

外専という前人未到の道、パウダースノーのファーストトラックを歩むキミにとって、この本が少しでも役に立てば、筆者としてこれほどの喜びはない。

おわりに

小学5年生の時。

テレビっ子だった俺は、海外の映画を観て衝撃を受けたものだ。

父親と再婚した新しい継母がセクシーすぎて俺と同い年くらいの少年がクラクラきちゃうイタリア映画『青い体験』。

10代の男の子と女の子が駆け落ちして、SEXして子供まで作ってしまうイギリス映画『フレンズ～ポールとミシェル』。


俺はなんでイタリアとかイギリスで生まれないで、こんな日本に生まれてしまったんだろう？

なんでうちのおふくろはセクシーな継母じゃないんだろう？

なんで同級生の女の子はあんなにガキっぽいんだろう？

そう思ったものだった。

さらに、『潜入！ハンブルグの夜』とか『潜入！ヌーディスト・ビーチ』といった特番を観て、一体海外ではなにが起こっているんだ？　と興味をそそられたものだ。

そこに追い討ちをかけるかのように、アメリカのテレビ番組『地上最強の美女バイオニック・ジェミー』『チャーリーズ・エンジェル』の放映が始まるわけだ。

リンジー・ワグナー、ファラー・フォーセット・メジャーズ、シェリル・ラッド……セクシーで美しい女優に俺はメロメロになってしまった。

同じ頃、ロック・ミュージックに出会い、プレイメイトと付き合っているスティーヴン・タイラー（エアロスミス）みたいなロックスターを目指そうと思い始めた。

外人女優の写真を見たくて、映画雑誌を買い、そこに小さく載っていたヌード写真に興奮して、月刊『プレイボーイ』もチェックするようになり、ジョディ・フォスター、シドニー・ローム、ナンシー・ウィルソン（ハート）、アニセー・アルビナ、ダイアン・レイン、フィービー・ケイツ、デボラ・ハリー（ブロンディ）、パッツィ・ケンジットといった女優、女性アーティストを次々に好きになって、アメリカのポルノを知り、トレイシー・ローズに夢中になった。

だけど、そんなものに夢中になっているガキは俺以外に学校にはひとりもいなかった。俺は同世代の日本人の女の子よりも外人女性に興味があった。自分はロックスターになって、金髪巨乳のプレイメイトと付き合う。そんな夢と野望を俺は持っていたのだ。だからこそ英語もマスターした。

その後、大人になっていくうちに、夢は形を変えていったのだが、「金髪巨乳のプレイメイトと付き合いたい」という夢だけはずっと変わらなかった。

それが俺の「外専」のルーツである。


俺の最初に付き合った外人女性は、アメリカ人の女の子だった。

俺はまだ17歳だった。

この時に学んだことはのちの俺の人生を決定づけたと言える。

ただ、どこに行っても俺みたいな外専は誰ひとりとしていなかった。

それが20代になった時、同じ志を持った友人との運命の出会いがあった。出会った時、すでにそいつはメキシコ人のセクシーな彼女がいて、俺はその頃オランダ人のモデルの女の子とデートしていたから、ふたりで組んだらなにかおもしろい外専活動ができるんじゃないかと思った。

そして実際そうなった。

ふたりは組んで、同じ外専の友達や後輩も巻き込んで、とにかく派手に活動した。舞台は東京のみならず、ロサンゼルス、ニューヨーク、ロンドン、パリ、ベルリン、アムステルダム、ブダペスト、イビザ、レイキャビック、ボゴタ、シドニー、クイーンズタウン……。いろいろな世界の都市、リゾート地に羽根を伸ばしていった。

ふたりが付き合った外人女性は、数えたら合わせて30カ国にも及んだ。これほど外専活動を攻めた日本在住の日本人を俺はほかに知らない。

この本は俺とそいつのふたりを合わせたひとりの人格として書いてみた。藤子不二雄スタイルだと思ってもらってかまわない。

俺たちが外専活動をもっとも盛んに行っていた頃、見本となるような先人はいなかったし、同じ志を持つ友だちも少なかったし、マニュアルなんてまったくなかった。

俺たちは道なき道を行く者、自らが道を作る者であった。

そして、ワールドワイドな視点で見た時、当時、日本人男性はあまり人気がなかった。

それがいまでは世界のボーダーラインもずいぶんなくなり、日本にもずいぶんたくさんの外人女性がいるし、日本という国、日本の文化を愛してくれている。
この本を書こうと思ったのは、俺たちが10代の頃からずっと、ほかの誰よりも注ぎ込んできた特殊な青春を形に残すことによって、後に続く者に少しでもヒントを与えられたらと思ったからだ。

それに、これは大切なことなのだが、
俺たちは海外に自分の魂を売ったことはなかったということ。
あくまでも大和魂を持った日本男児として、外人女性をモノにしたかったからだ。

外専は一日にしてならず。

大和魂を持った日本男児として、外人女性、しいては世界を征服していく秘めた野望を常に心のなかで燃やし続けていてほしい。
ちなみに、いまも俺たちは外人女性を愛しているよ。

P・S　本書には、筆者の独断と偏見で特定の国の女性像を描いている表現があります。それはあくまでも筆者の経験と視点によるもので、必ずしも正確な描写というわけではありません。また、筆者及びこの本がいかなる人種偏見、いかなる女性蔑視とも無縁なものであることをここで強調しておきたいと思います。

ジーコ藤壷（じーこ・ふじつぼ）
横浜生まれ、渋谷区育ち、外人女性好きはだいたい友だち。
小学５年生で外人女性と付き合いたいと思い、独学で英語を勉強。
これまでに音楽、イベント、出版、広告など、
様々な仕事に就く。ロサンゼルスに住んだ経験もあるが、
基本は東京在住で、これまでに付き合った女性の出身国は 30 ヶ国に及ぶ。
なお、ジーコ藤壺は２人の外人女性好きの共同ペンネームである。
藤子不二雄スタイルだと思ってもらえればマチガイナイ。
座右の銘は「外専は一日にしてならず」

外人女性♡交際マニュアル
I LOVE YOU BUT FUCK YOU

2017年8月15日　初版第1刷発行

著者　ジーコ藤壷

デザイン　Naijel Graph
取材協力　すべての外人女性たち
担当編集　喜多布由子

発行人　佐野 裕
発行　トランスワールドジャパン株式会社
〒150-0001 東京都渋谷区神宮前6-34-15 モンターナビル
Tel: 03-5778-8599　Fax:03-5778-8743

印刷・製本　三松堂株式会社

Printed in Japan

ISBN 978-4-86256-209-8